天下文化
BELIEVE IN READING

心理勵志 386A

老いた親を愛せますか？
それでも介護はやってくる

面對父母老去的勇氣

岸見一郎——著
陳令嫻——譯

一第二章一

接受現實的勇氣

一第三章一

與年邁的雙親建立良好的關係

推薦序

老與死，我們每個人都必須學習的功課

——郭強生（作家）

自從我出版了《何不認真來悲傷》之後，因為書中描寫了我獨力照顧失智父親時所遇到的驚惶慌亂，身邊有些朋友讀完我的書，向我表達了他們的理解與關心，我才驚訝地發現朋友中有多少人也正在、或曾經、或即將為類似的責任焦頭爛額。讓我奇怪的是，在我出書之前，大家都不會主動聊起這個話題。我成為一個讓他們可以放心說起自己焦慮辛苦的對象，否則家有失能長者這個事實，彷彿必須被隱瞞。

如果我一開始就知道哪些朋友有過照護年邁父母的經驗，我也許就不會那麼失措。不說別的，當想要聘用外勞看護時，面對全台兩千家仲介公司要如何挑選呢？仲介公司良莠不齊，而且多有他們自己的盤算與業界一些眉角花招，一般人怎麼搞得清楚呢？更讓人沮喪的是，面對這個快速老年化的社會，政策的腳步不但跟不上時代，甚至與現實脫節。如果你跟社會局或相關單位請教，他們會告訴你可以把老人送日照中心，晚上帶回家；或是可以每天派人到府做居家照護……我最後只能回答：我的工作在花蓮，而且我們家只有我一個人，我沒有任何親友。晚上帶回家？居家照護幾個小時？那夜裡呢？

每家面對的都是不一樣的難題，只能自己摸索碰運氣。

我不得不留職停薪。因為即便請了看護，讓父親每天面對語言溝通不是那麼良好的外人，一週只能見到我一次，我就是放心不下。沒想到，果然天有不測風雲，用了三年的外配看護無預警辭工了，還惹來一堆問題，幸好我是留職停薪中，一切等於全部打掉從頭來過。別說我人如果繼續還在花蓮，這又是一場災難，就算我人在台北工作，面對不知何時才能再有幫手的空窗期，我也無法按時去上課，仍然得無限期的請假。

自己接手的這段期間，發現父親比三年前又更衰老了。起床要人協助，雙腿更加無力，然後就是不肯吃飯，每餐都要哄餵。從早到晚，幾乎寸步離不開人，每晚要等父親上了床，我才鬆一口氣。畢竟我也是五十多歲的人了，這份照護工作不僅勞心，也很需要體力。

看著父親的失能，自然也會想到單身自己的老後。

有朋友問我考不考慮把父親送安養院，我立刻搖頭。也許那是我為自己將來所做的規劃選項，但不適合我的父親。歐美的老人從小孩一長大自立門戶，就已經在為自己如何安享餘年做準備了，要搬進養老院也要趁自己還能有自理與社交能力的時候，重新去適應一種團體的生活。老人的文化在台灣（或者說在亞洲）還未建立，每個老人的心裡還是覺得自己要有「家」，就算參加了一些社團，活動結束還是各自回到自己的「家」。除非真到了萬不得已，我想我還是願意努力讓父親有這一份居家的安全感。

即便我已經自認對照護老父這件事想得很清楚了，但是面對自己的生活總是遭遇停擺，每晚父親上床後我一個人到超商買杯咖啡、在路邊抽菸獨坐的時候，心情上總有說不出的一種惆悵若失。世間大概只有在面對父母年老這件事上，我們盡一切努力的付出，卻只是為了最後的歸零吧？

以《被討厭的勇氣》一書在台灣大受歡迎的哲學家、心理學家岸見一郎，最近推出了這一本《面對父母老去的勇氣》，多少給了我一些觀念上的啟發。

看完這本書才知道，原來岸見一郎在自己大病一場後，停下工作開始負擔起照護失智父親的責任。他在書中提到的許多經驗，我讀來都心有戚戚焉。但是岸見一郎並非文學家，他的文字較偏向理性與分析，我想這是與他的專業背景有關。如果讀過《被討厭的勇氣》就會知道，他的分析研究是建立在人際關係這個領域上，所以這本《面對父母老去的勇氣》既不是提供醫療常識，也不是生死哲學，而是把照護年老父母定位在一種新的人際關係上。這也是讓我覺得值得參考的一種新觀念。

就像我前面提到，與年老父母的關係，最後一定是走向結束，這就是與我們人生中其他所有人際關係最大的不同，也讓我們最難釋懷。而年老失能的父母與我們記憶中的父母有著何其大的落差，這也是讓我們在面對照護父母時產生最多心理衝突與困惑之處。

但是岸見一郎把面對老去的父母，定位成一種新的人際關係學，譬如說他指出，承認「活在當下」的父親，不強求過去與未來，字面上彷彿很無情，但確實是做為照護者的我們，在心理上必須接受且了解的一件事。又譬如他提到，「照護父母需要認真的心態，但是不需要沉重的心情」，「面對父母時，我們可以以『人』的身份，而非『子女』的身份」，或許就可以減低一些心理上的放不開與放不下。我喜歡他這一段話：「我和父親在一起時，絕不是什麼也沒做，父親醒來時我有很多事要忙，就算是父親睡著了或在發呆，我也不是什麼也沒做。靜靜陪在身旁有其意義，就是一種貢獻。」我在我的《何不認真來悲傷》中也寫下過類似的心情：「一開始覺得整天啥也沒做很不安，但是習慣以後發現，這不就是陪伴的真正意義？」

岸見一郎沒有提到的是，這種新的人際關係漸漸地也會擴大到我們照護父母之外的生活中。就譬如我們也要學習如何將這樣的經驗適當的分享。在我開始寫下我的照護經驗之前，朋友們從不跟我討論這方面的話題，或許是不知道如何開口，怕讓人覺得自己是在訴苦？還是覺得討論病老死是某種文化上的禁忌？我們都將老死，學習與朋友共享這段下半場，這也是我們人際關係的一環。

畢竟每個社會有它不同的制度與習慣，在台灣關於面對老去的父母，或者面對自己的老去，都是需要繼續交流互動，才能讓一個健全的高齡化社會慢慢建立。而在目前，我看到有關「老」這件事的認知，多半還停留在生理現象，如何能讓老化速度減緩成了唯一追尋的目標，所有的保健藥品補品廣告都在告訴我們這一件事。那麼，我們究竟要到哪一天才了解老是怎麼一回事呢？

這是年邁的父親正在教導我的人生功課。

※延伸閱讀

《何不認真來悲傷》天下文化出版，郭強生著

榮獲第四十屆文化部金鼎獎、中時開卷二〇一五年度好書獎

推薦序

人生的必修課——承認自己的有限

——彭懷真博士（中華民國幸福家庭促進協會理事長）

在婚前諮商時，即將結婚的新人常被提醒：「新房的床，躺著六個人——新婚夫婦、雙方父母。」每一個人都是帶著原生家庭的經驗進入婚姻之中，父母即使不在眼前，依然持續影響、甚至主導婚姻關係。父母，是子女永遠要面對的，即使有了配偶，要學習夫妻相處的新功課，與爹與娘相處的作業，還是得一直做、一直做，沒有結束的時候。

一對夫妻，六個人物，個個健康是奇蹟

結婚後，這六個人都健康，並不容易。隨著年歲漸長，機率愈來愈低。若將每個人狀況分為「健康」、「疾病」、「死亡」三種，六個人都屬於「健康」的機率，只有七百二十九分之一。

以我為例，因母親自三十三歲即罹患慢性病，與妻子成婚時，她是肺結核患者，我結婚後從來沒有六人全部都健康的時候。婚後第十二年，岳父過世。婚後第二十七年，母親安息主懷。第三十二年，父親辭世。自此之後，只剩下多病的岳母、常生病的妻子，還有不知道算不算健康的我。

這本《面對父母老去的勇氣》主題是作者經歷父親、母親的病痛，乃至死亡，還包括自身罹患心肌梗塞時的掙扎。如同作者提醒的：「人生不能後退，身體的退化也不可逆，沒有人可以擺脫老化。人的年齡不斷增長，並不單單代表從青春高峰走下坡，我們應該能從年齡增長中找到值得肯定的意義。」他示範如何找各

種肯定的意義。

中年人的功課是學習做照顧者

我是社會學家，愛分析，愛說真話。我必須提出評言：除了身體狀況，更關鍵的是家人間微妙的關係。六個人，有多達三百零一種關係。換言之，每一種關係都好，機率是千分之三點多。但我也是社會工作者，應該多些分享，尤其是給予正面能量的分享。這本書基本上是分享，我就分享最近幾年的經驗吧！

家母長期需要照顧，她人生最後幾年，有二十四小時的主要照顧者。家父罹癌後，也有二十四小時的主要照顧者。但那位照顧者的表現，讓家母家父都吃了苦頭，也讓我們子女生氣，卻始終沒勇氣改變困境。我多麼希望有更多真正關心且瞭解老人的全職照顧者，成為適合的人力。家父辭世後，我連續寫了《老年學概論》、《老人心理學》、《老年社會學》、《家庭與家人關係》，目前正在寫《老人照顧》。唯有堅實的知識為基礎，老人的照顧者才可能真正懂老人，懂得照顧老人。

寫書容易，照顧人比較難。妻子去年三月因心房中膈缺損動了手術，住了幾天醫院。今年三月來場更大規模的，一日跌倒，左膝髕骨碎成三塊。愛妻不良於行，我是主要的照顧者，這是比做老師、寫文章、做廣播都要難的考驗。去醫院看病、去中醫診所復健、去藥房抓藥⋯，都是小事。買菜、做菜、跑銀行郵局⋯，也是小事。不過，很多小事湊在一起，要任勞任怨，要和顏悅色，絕非易事。

妻子的傷，其實是小的，傷筋動骨一百天，幾個月就會好，無數人的傷，難以痊癒。妻子試著問能否算是身心障礙者？當然不是。全台灣已經有七十五萬失能、失智、身心障礙者，需要長時間的照顧。照顧，比正式的工作還要辛苦。上班，一週四十小時；照顧一晃眼就是四十小時。中華民國家庭照顧者關懷總會統計，平均每天照顧時間是十三點六小時。服務時間比照便利商店，全年無休。

更重要的，平均需照顧十年。我有好些朋友因為要照顧父母或配偶，早早退休，全台灣有上百萬的人因為要照顧父母或身障者，提早結束職業生涯。

在分享照顧歷程中自我療癒

因此，恭喜全家都健康的讀者，實在太幸運；羨慕全家都和樂的讀者，實在太珍貴。但我的烏鴉嘴提醒，萬中選一的美好時光可能隨時結束，生活重心因為一點事故或疾病，立即由彩色變成灰白，醫院與診所，不可能是彩色的。心境轉換為低沉，難以展歡顏。

「當你所愛的人病了」時，除了作為照顧者之外，該做什麼呢？分享吧！作者在此書示範了具體的作法。當他的父親母親在醫院接受治療時，他以寫作來進行自我療癒，治療因為父母的病而受創的心靈。其實，他自己也病了。透過動筆，他面對自己的有限，這是人生的必修課。

生病使我們知道自己多麼的有限，以往人生的主題是「我想、我要、我能」，都是肯定句。但因為家人和自己的病痛，生命的主題轉換為否定句，作者一再提到「我不想、我不要、我不能」，例如「我不能強逼父親實現我的願望」、「不要期待對方會說謝謝」、「不需要對父母激動」、「子女不能阻止父母想做的事」。每一個不，都有些無奈，都顯示自己的疲憊、乏力、困倦⋯⋯。

放下對權力的執迷，承認人生的有限

作者深刻觀察到家庭裡的許多問題，尤其是與父母關係的癥結來自權力之爭。一方刻意要對方順從自己的意志時，必然會造成不愉快。他提醒：「覺得自己對而對方錯，便已陷入了親子間的角力。而解決權力鬥爭只有一個方法，那就是放棄鬥爭。」他曾經希望父親母親按照他的要求來生活，認為該何時吃何時睡何時動，認為該吃什麼該如何走動，但要求愈多，衝突愈多。如此處境，做過照顧者都心知肚明。

中年男子，最重要的人生課題是——承認自己的有限，因此設法與人和好。我在天下文化出過一本書《最近有點煩：中年男人心事》，「煩」這個字最足以描述這個階段男子的普遍心境。不過，煩像是病卻不是死亡，煩是低潮卻不是深淵，煩是失望但非絕望。

煩，可以不那麼嚴重。只要我們多些知性，深刻認識病、痛、老、死。只要我們多些感性，懂得欣賞前人的分享。只要我們多些靈性，更深覺察父親、母親、配偶、自己，乃至生命的功課。

推薦序

踩在父母的腳印上

——盧建彰（廣告導演）

這段文字，寫於台南成大醫院的病房裡。媽媽在我身後，在病床上，正在抽痰，我只能背對。

旁觀者，不輕

旁觀別人受苦，真是件很難受的事，而那別人，許多時候會是家人，你無法輕易把眼光移開。因為是家人，你得關心，但關心讓你不開心，甚至擔心，那從來就不是件輕鬆的事，甚至是件太不能輕易處理的事。

而這讓我感到困擾，我會難受，我會不好呼吸，我會覺得自己很不好，我會想自己為什麼沒有讀醫科。

夜裡，兩點半，電話響，一開始，像在海裡，有海星在打電動，一顆星兩顆星得分的感覺，我在沙堆裡，我在沉船裡，我在海島上，我聽見自海底來的聲音，淺淺淡淡的，幾乎聽不見，因為海浪聲很高，蓋過那海裡被壓悶的高音。

但高音越來越高，頻率越來越急，我下床，搞不清楚方向卻又快速準確的拿起電話，那種不祥的感覺，瞬間襲來，抓住我的身體，在黑暗裡，我覺得我比黑暗還黑暗，恐懼，恐懼將要聽到的，還有恐懼那還沒聽到的感覺。

真恐怖，我不怕黑，但我怕看不清楚黑暗中將要發生的事，那通常不會是好事，尤其是家人的事。

「那是你家的事」

從十七歲我在南一中大門口右邊的漫畫店裡，聽到教官跟我說媽媽車禍病危，我收過四張病危通知，媽媽兩張，爸爸兩張。沒算進來媽媽的、由爸爸收的，還有三張。

我應該練習了很多次，但還是不夠純熟，不夠老練，不夠習慣。

我不愛提這些，因為或許從別人眼裡，「這是你家的事」，但我老實說，這個「你家的事」，常常對我而言，就是整個世界的事。

我們很愛在工作上面對不合理的狀況，就丟出這句「那是你家的事」。但當你真的面對你家的事，你會發現，其實，就算你在工作上再怎麼專業，你都不太能處理「你家的事」。

驚懼之淚

上次媽媽住院，我兩頭燒。因為女兒盧願也生病，感冒加玫瑰疹，兩週，又燒又哭的，和平常總是開心笑呵呵的她截然不同，而且因為生病難受，只有掛在人身上才睡得著，我就做了兩個禮拜人體床墊，同時在每一個抱著小盧願的時候，擔憂著媽媽，想著媽媽在我小時候生病時，是不是也這樣地抱著我？

而我，在她需要我的時候，抱著另一個女人，這樣對嗎？

在這些掙扎裡，聽妹妹回報每天媽媽的狀況，憂心地再出主意，聽到數字好一點就開心，聽說媽媽精神不好就禱告，一直禱告，但心裡還是不夠踏實，甚至拜託高中同學每天去醫院探視，再和醫生討論。還好，在住院一個多禮拜後，媽媽出院了。

那，這次呢？兩點半的電話裡，媽媽吐了，連拿水杯的力氣都沒有，我也失去一夜的睡眠。

儘管本來這夜，妻因為我連日陪盧顧睡，兩小時就得起來一次，加上工作多比較累，特地要我去隔壁房間自己睡，但這通電話，讓我也睡不去了，只能枯等天明。

天亮，送急診，我衝高鐵，成大醫院裡，檢查頻頻，發燒，白血球到一萬五，肺部發炎，泌尿道感染，住院。

我很怕住院，因為以前關於家人住院的所有記憶會一起回來，那些凌晨空寂只有嗶嗶聲響的走道、那些半夜瞇著眼捧著滿是血的尿布，到護理站秤重量好記錄父親內出血的記憶，全都一起回來。就算閉上眼睛，影像就在面前，深夜裡明亮的醫院走廊，靜寂無聲中，只有我一人的拖鞋聲，比日常獨自的跑步還孤單。

用跑步確定生命徵兆

每次家人住院，總是生命徵兆處在一個不確定的狀態裡，我總是在那許多不確定裡試圖找尋確定，而唯一可以確定的是，跑步。

我總會找出一個小空檔，在醫院附近跑，因為當我跑，我可以用自己的力量，好像可以掌握些什麼，好讓那些我根本掌握不了的，稍稍能夠忍受一些。

明明我陪著家人住院，但我感覺像自己一個人，一個人面對另一個人的可能不見，一個人面對未知，面對害怕，面對那不想面對。

跟跑步一樣。

你總是不知道自己今天會跑得怎樣，呼吸順不順暢，膝蓋會不會痛，天氣會不會太熱會不會太冷，會不會忽然不想跑下去。

跑在成大的校園裡，每個學生都有目的地的往前走著，去約會，去上課，去吃飯，去逛街，去找女朋友，去分手，似乎只有我沒有目的地的繞著校園跑，望著他們，我漫無目的地的跑著，而這無目的地，說不定就是我的目的地。

因為當我又克服一次原本我不確定的跑步，我好像就比較確定點什麼了，那讓我有點安全感。

好像，我確定我可以。

把腳踩在父母的腳印上

這次當我意外地在醫院裡看著《面對父母老去的勇氣》這本書時，我意外的發現生命曲線的重合，意外的發現那些意外，一點也不意外。

原來，每個人面對父母的年老變化，都會趕不上變化，趕不上準備好面對，趕不上最後一面。

我想起，有個夜晚，父親每隔十五分鐘，就會喊我的名字，當我趕到他床邊，他會要我讓他坐起來，當我使勁抱起他、讓他坐起來後，他會說要站起來，當我把他硬是自床上抬起，我必須把他靠到自己身上，因為他已經渾身失去力量，而當他兩腳著地站起來後，他又會說要躺下來，會斥責我為什麼不讓他躺下，當他躺下後，稍平靜，我再爬回樓上臥室，闔上眼，但睡不去。

十五分鐘後，父親又會呼喊，我再重複上面動作。如此反覆一整晚，直到天明，躺在床上的我心裡納悶，父親已經毫不進食，怎麼突然如此有精力呢？而我好累，這樣的日子，我有辦法再過一個禮拜嗎？

第二天，父親就離開了，那晚是我擁抱他最多次的日子。

也許就像跑步，是如此個人，沒有標準，沒有對錯。你和父母最後的日子，總是有太多遺憾和難以負擔，而那難以負擔又會變成遺憾，那遺憾有時也會變成難以負擔，就跟跑步時的喘氣和痠痛一樣，你得接受，並且想辦法，因為這是你的路，沒人可以幫你跑。還有，終點，看來遙遠，但也可能臨在眼前，一不小心，又變成已在身後，你只來得及淚流。

《面對父母老去的勇氣》這本書，是一個在人生路上和父母跑過的跑者誠實的說法，你可以聽聽，可以對照，可以學習，可以安慰，可以當做教科書，可以當聖經，卸下自己的內咎，也可以扛起自己該有的思念。

我喜歡把腳踩在沙灘上，看自己留下的腳印，小時候，更喜歡把自己的腳，踩在爸媽踩過的腳印上，一路跟著踩，跟著走，直到海中，爸爸的腳印消逝無蹤。

看著《面對父母老去的勇氣》，彷彿看到沙灘上另道足跡，彷彿臨場看著另個人正把腳踩在父母的腳印上，看他思索著，一邊仔細看自己的腳步，一邊小心翼翼地和父母的腳印相合的樣子。

也許一路延伸，一路消失，直到那條海與陸的界線。

也許，以後盧願也會想踩在我的腳印上，也許我的腳印也將陪伴她一路，一路延伸，並一路消失。

好了，我要轉身，找媽媽了。

推薦序

照顧失智，隨五里霧而安

——林依瑩（弘道老人福利基金會執行長）

照顧失智症長輩，就像在一場五里霧中，真實、虛幻不斷的穿插變換。若隨之波動，想在迷霧般的夢境中，爭個是非對錯、談個明白，往往心神耗竭，甚而大聲吶喊；想尋求夢的出口，夢境之霧卻濃得化不開，不知身在何處。照顧失智者，就像身在這永無止境的夢中，不知何處是終點。

這本《面對父母老去的勇氣》的作者，必定是對失智的父親有著極大的同理心，才能有此深刻的體會。作者在書中描述他患了失智症的父親，如同活在漫天大霧中，雖然有時大霧也會突然散去，恢復成原本的模樣，有著短暫的清明，但常態依然是不時會忘記吃過飯了，忘了陪伴自己一輩子的老婆。

「尊敬，就是看著對方真實的模樣」，這是作者在照顧過程的重要體會之一，令人恍然大悟，原來照顧失智長輩，不一定要用懷舊老照片勉強他們想起過去，但可以持續「當下、眼前」做得到的事，不要放棄，要懂得去看、要能看見他們仍有的能力，例如雖然說錯了院子裡的扶桑花開的時間，但要開心他仍有「昨天」的概念。

寫這篇序文時，我人正在荷蘭。五點多的清晨，窗外是七分的濃霧，彷彿進到作者描述的夢境般，有些不真實。身在遙遠的歐洲異鄉閱讀此書，體會著日本作者的照顧心情，曾照顧過的台灣失智長輩的身影，也不斷在作者筆下的情境中穿梭，這是一場跨國的失智交錯體會。作者提到，照顧年邁的父母，要用認真的態度，不要用沉重的心情，給了我全新的啟示，重新看待老者照護。

天漸漸亮了，六月的荷蘭，天氣極為舒爽，旅程到今天已告一個段落，收拾行囊，晚上就要帶著在荷蘭學到的珍貴經驗搭機返台，回到更真實的家鄉。全球的高齡化趨勢，各國無不嚴陣以待，但我想，能貼近、同理失智與失能長者的心，才是全球最實用、通用的真理！

自序

有一天，我發現父親年輕時拍攝的照片。父親的興趣是攝影，相簿裡貼了好幾張沒有家人入鏡的風景照。我現在喜歡在假日帶著相機去拍攝花鳥蟲蝶等自然景物，也許是不知不覺間受到父親的影響。

在父親拍攝的照片當中，也有我的身影。那是在我上小學之前，和父親兩人不知道去哪裡玩時拍的照片。雖然，後來我和父親關係變得很緊張，但看到照片，還是能回想起當時興奮的心情與幸福的感受。

成年後，我曾因為過勞而病倒，也為了照護父母而吃了不少苦頭，然而我不時會想起童年時代感受到的幸福。

與人相處，不免遭人憎恨或厭惡，甚至有人因此想要離群索居。人際關係雖然可能造成我們不幸，然而脫離了人群，也就無法感受到生命的喜悅與幸福了。正如事業成功並非人生的目標，因為人不是為了工作而活，是為了生活而工作，如果無法感受到幸福，工作就一點意義都沒有。

就在我們為了生活汲汲營營時，雙親正一點一滴地老去。就算有一天，父母徹底遺忘了過去，子女也不可能拋下他們不管，儘管對於子女而言，承認父母忘記過往是件殘酷的事，但若拒絕面對現實，便無法與他們共處。

最後，雙親可能會連子女都不記得，不僅是從小就與父母關係緊張的人，以往備受呵護的子女，也應該趁他們還健康時，思考當年邁的雙親連自己都忘了時，究竟該如何是好。

家母在三十年前四十九歲時，便因為中風而撒手人寰，留下父親與我，早早離開人世。父親在母親離世之後雖然得享高壽，晚年卻罹患阿茲海默症。

我原本專攻哲學，現在也持續翻譯柏拉圖的著作，年輕時接觸到阿德勒心理學，於是成為我研究工作的另一條主軸。其實與其說是研究，不如說是在與子女相處的日常生活中，不斷藉由嘗試錯誤而理解哲學與心理學。

當時父親一個人住在橫濱，偶爾會來我家。父親心目中想像的親子關係，與我和子女相處的實際情況大相逕庭，困惑的父親還曾經要求我改善。

但是之後照護父親時，透過與子女相處而領會的阿德勒心理學，使我得以輕鬆重建與父親之間的關係。

現在回想起來，年紀輕輕便過世的母親，並不知道什麼是阿德勒心理學，卻始終以對等的態度和子女相處。等到我學習阿德勒心理學時，發現自己接受度之所以這麼高，就是因為不知不覺從母親身上學會如何建立人際關係與生活態度。如果我的父母讀到這本書，可能會笑我在說大話吧！

本書就從我照護母親與父親的經驗出發，介紹成年子女照護父母時的心理建設、如何和他們重新建立良好的親子關係，進一步討論從照護雙親的過程中所學到的道理，該如何活用於人生的其他面向。

｜第一章｜

父母教會我的「人生意義」

母親是我的盟友：「那孩子做的一切都是對的」

母親進入舊學制的女校時，正是要轉換成新學制高中的過渡期。她曾經告訴我很想上大學，卻因為雙親強烈反對而放棄。母親還說她在戰爭時曾經學過薙刀，令我大吃一驚，沒想到理性的母親居然相信可以用薙刀和敵軍一較高下。

由於自己的切身之痛，母親深切期盼子女能按照他們的意願升學。我念國中時，學校老師告訴母親，如果想讓我進高中，最好請家庭教師指導。自認家境貧窮的我當時居然並未拒絕，而母親也真的請來要價不貲的家庭教師，我現在想起來還是覺得不可思議。等到我自己有了孩子才明白，子女不會了解、父母也不會告訴子女家庭的財務狀況。

當時的家庭教師在京都大學的文學部學習佛學。對雙親而言，請來這位家庭教師可能是一大失誤。父親是普通的上班族，我本來以為自己將來會和他一樣，也成為上班族。但是遇到這位家庭教師之後，我發現了和父親截然不同的人生。我很憧憬這位老師大學畢業後，辭掉工作重新回到校園學習佛學的經歷，因此比之前更加努力用功念書。

母親從未干涉過我的生涯規劃，我只記得她曾經對我說：「總之不准當律師。」因為她認為律師的工作必須接觸到人生黑暗面。無論是否如同她所想，我後來選擇的工作——心理諮商師，可能也不符合母親的理想。

等到我上了高中，高中的哲學老師又帶給我巨大的影響。導師曾經在面談時要求母親，不要讓我閱讀哲學書籍，而母親當時的回答是：「請讓他做自己喜歡的事吧！」

一直以來，父親對我的未來表現得毫不關心，等到我決定專攻哲學時，終於忍無可忍。不過他並未直接跟我說，而是透過母親表達反對。我不覺得父親了解哲學是什麼樣的學問，也許他想到的是，留下「人生不可解」的遺言，而跳華嚴瀑布自殺的藤村操（譯注：生於北海道的菁英學生，十七歲時由於厭世而於華嚴瀑布投水自殺）。後來母親過世，父親看到我送母親的遺體回家時，還以為我會傷心到追隨她一起走。

父親要求母親阻止我念哲學時，母親也是回答他：「那孩子做的一切都是對的，我們就支持他吧！」

母親也不了解哲學，只是從自己的經驗得知，雙親不應該代替子女決定進大學要學什麼。如果父母干涉子女的選擇，之後如果子女人生受挫，可能會把錯怪在父母身上。我不認為父母能為子女的人生負責，所以聽到父母代替子女決定就學、就業，甚至是婚姻時，總是非常驚訝。

雖然母親說「那孩子做的一切都是對的」，但我當然也曾經迷惘和做錯事，只是在念哲學這件事情上，我的決心異常堅定，而母親願意做我堅強的後盾，讓我十分開心。

我一直到現在都還感受到母親的影響之大，想要以母親對待我的方式，對待自己的子女。

就算是父母，

也無法負責子女的人生。

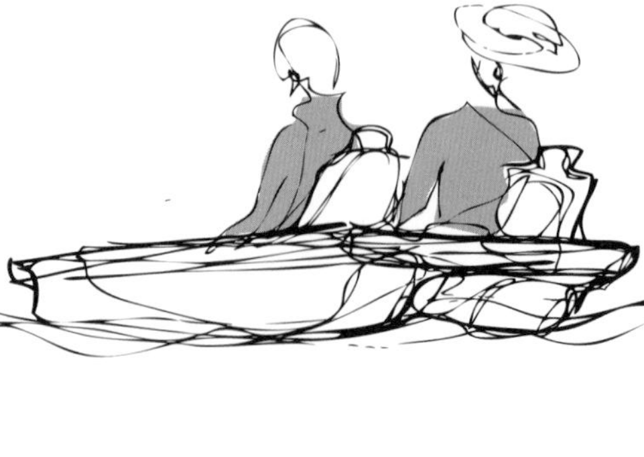

病倒的母親教會我「生命的意義」

母親和我生日同一天，生肖也相同，大我兩輪的母親，一直與我維持相同的年齡差距，邁向老年。

某天早上，母親起床時發現自己無法動彈。前一天晚上她在女兒女婿家度過快樂的時光，玩到很晚才回來，第二天醒來時想說話卻說不出口，自己也覺得很奇怪。她馬上前往醫院接受診斷，結果發現是中風。

當時我對中風一無所知，從沒想過母親會這麼年輕就中風。之前母親雖然說過好幾次頭很痛，卻堅持那只是更年期症狀而不願就醫。母親的確從年輕時便很健康，除了流產失去弟弟那一次，我不記得看過母親因病臥床，所以只要母親說她不去醫院，無論身邊的人如何勸說都沒有用。相反的，父親常常抱怨不舒服，年輕時就曾經三更半夜緊急請醫生來家裡看診，兩人簡直是天壤之別。

當時母親就診的醫院只有一般的內科，診斷之後馬上住院。住院的第二天便開始復健，恢復情況良好，我以為母親馬上就能痊癒出院，沒想到一個月之後卻再度中風。當時治療中風的唯一方式是施打溶解血栓的點滴，以對症治療。

母親二度中風之後，轉往有腦神經外科的醫院，但是轉院沒多久便罹患肺炎，最後失去意識。我每天守在病床邊十八個小時，母親卻再也無法回應我的呼喚。除了打完點滴後通知護理師，並且把母親的病況寫在筆記本上之外，我無事可做。

每一天我總是不斷思索：「人類的幸福究竟是什麼？當人無法動彈、失去意識時，還能找到生命的意義嗎？」

母親病倒的那一年，我正好進入研究所就讀。才剛踏上學者之路的我，雖然認為自己和金錢無緣，榮譽心卻驅使我立志，有朝一日一定要站上大學的講台。可是看到母親病倒無法動彈、失去意識的模樣，我覺得這一切好像都失去了意義。

千辛萬苦考進了研究所，我卻為了照護母親而無法上課，結果母親對抗病魔失敗，四十九歲便過世了。我雖然在半年後復學，心境卻已經大幅改變，茫茫然的在人生軌道中失去了方向。

已故的母親年齡永遠停留在四十九歲，我終有一天會追上母親，和她同齡，又超越她，邁入母親從未體驗過的五十歲。對我而言，五十歲之後的人生宛若一片處女地，覺得自己將要孤單走進母親也不曾到過的地方。

我以為自己會活過母親的年齡，長命百歲，沒想到才過五十歲，我就因為心肌梗塞而病倒。當醫生在我面前看著心電圖，告訴我是心肌梗塞時，我認為自己會和母親一樣，年紀輕輕便撒手人寰。

當年照護母親時，從沒想過有一天我也會躺在加護病房無法動彈，我原以為自己那時已經想通了生命的意義，結果自己生病了才發現，一定有什麼事情是病倒的母親才知道，而那時的我根本無法領悟的。

對人類而言，

幸福究竟是什麼？

無法動彈、失去意識時，

還能找到生命的意義嗎？

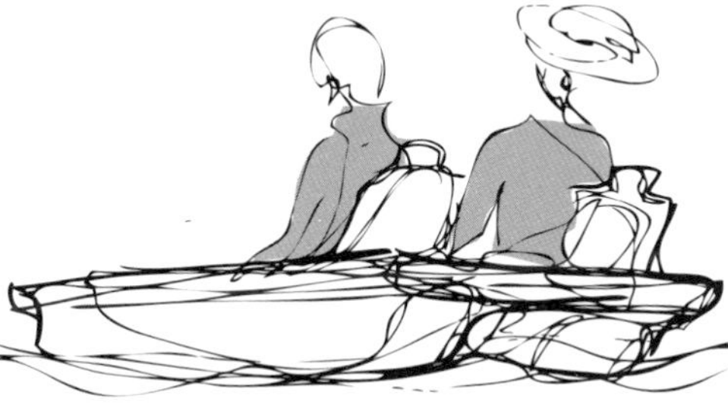

母親不讓兒子看到臨終時的自己

母親中風住院時，我每天從半夜十二點便守在病床旁，等隔天傍晚六點父親下班後到醫院與我交班，我才在家屬休息室小睡到半夜十二點，然後接手，讓父親回家休息。

一開始母親還有意識時，我沒有在醫院待這麼久。母親有時候會提出不太合理的要求，我覺得自己為了照護母親甚至還休學，母親居然這樣對我，一度感到十分氣憤。現在想想，當時能為母親做那麼多事，真是太好了。

有一天，母親突然說想學德文。我念大學時，曾經教過母親德文，她希望我把那時的教科書拿來醫院。雖然我從字母開始重新教起，最後還是因為母親精神日益不濟而無法持續下去。

接著她又想起有一年夏天，我沉迷於杜斯妥也夫斯基的小說《卡拉馬助夫兄弟們》中，說之前想讀卻沒能開始，現在想讀讀看，於是接下來的每一天，我都在她枕邊朗誦《卡拉馬助夫兄弟們》。

最後母親終於失去意識，我不斷思索母親清醒時，我為什麼沒能再為她多做點什麼。面對失去意識的母親，除了清理排泄物之外，幾乎無事可做，為了不要落後研究所的同學，我把希臘文的課本帶進病房念。

然而每天守在病床旁十八小時，使我心力交瘁，我覺得自己應該撐不過一個星期，結果母親沒多久便過世，我又開始覺得要是當初沒那麼想，母親是不是可以活久一點？當然我的想法與母親的死一點關係也沒有，我卻因而深深自責。

那一天，母親的朋友來醫院幫忙，對我說：「你辛苦了，今天讓我來，你去家屬休息室休息吧！」我接受了對方的好意，沒想到就在我假寐時，母親的病情卻急轉直下。

我接到要求我立刻到加護病房的電話，慌慌張張衝出休息室時，擔任母親主治醫生的院長對我大喊一聲：「不要慌！」總是沉著冷靜的主治醫師曾經告訴過我，母親不可能復原了，儘管我已做好心理準備，但事情真正發生時，還是無法冷靜以對。

我衝進病房時，母親已經嚥下最後一口氣。我以為自己掛掉電話便馬上趕到了，事後回想起來，發現情況好像不是我想像的那樣，因為當我進到病房時，母親身上的好幾根管子和點滴都已經拔除，身體也擦乾淨了。

我悔恨莫及，明明每天待在母親身邊那麼久，竟然沒能見到她最後一面。而且我不敢讓父親與妹妹知道這件事，當他們問起我母親臨終的模樣，「母親沒受什麼苦，走得很安詳」的謊言，竟然脫口而出。

那時的我認為，如果說實話，父親一定會訓斥我：「每天在醫院待那麼久，為什麼臨終時居然不在？你究竟在做什麼？」如果是我，一定不會責備長期照護母親的兒子，畢竟長達三個月的時間，兒子每天都和母親在一起，只是過世時剛好不在身邊，我會好好慰問兒子的辛勞，而不是責備他。雖然現在的我覺得說出真相，父親和妹妹也不會責備我，但是當時我並不信任他們，就是認定自己說實話一定會受到責怪。

多年後父親過世時，我見到了他的最後一面。雖然父親走得很平靜，但嚥下最後一口氣時，場面還是很緊張，那時我突然覺得，也許母親是不願意讓我看到她臨終的模樣。

每天待在母親身邊那麼久，

我竟沒見到她最後一面。

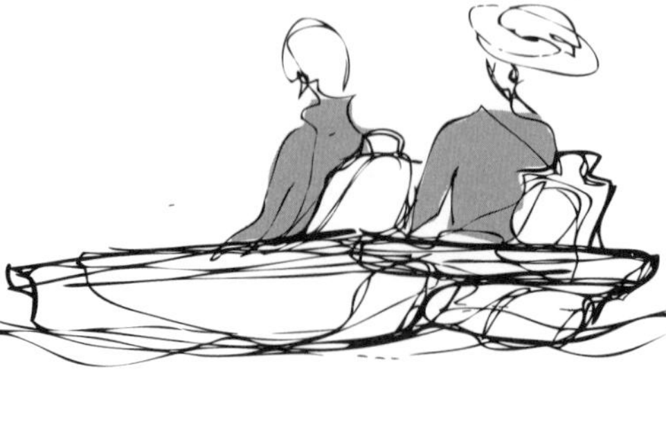

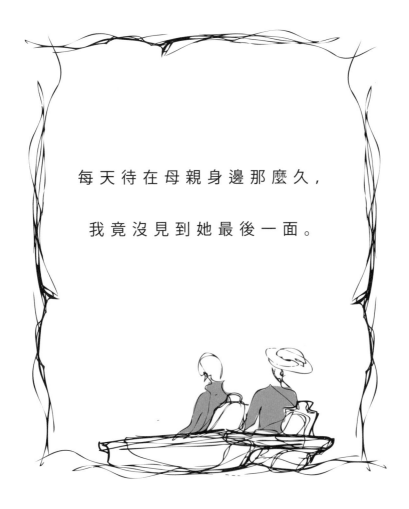

鼓起勇氣，承認做不到

明明一直守在病榻旁，卻沒能見到母親的最後一面，最後只能伴著母親的遺體回家。如同之前所述，當時的我，憔悴到父親以為我會追隨母親而去。

倘若我對父親說：「不好意思，我累到想住院休養。」或就算不住院，只要求：「我不想參加母親的喪禮，請讓我一個人靜一靜。」相信父親也一定能體諒我。

但是我當年卻認定，即使痛失慈母也應該堅強，不可以在人前哭泣，因此我明明累到誰也不想見，還是出席了喪禮，也沒有掉下半滴淚。儘管我沒見到母親的最後一面，卻認為向親戚朋友清楚說明母親的病情變化，是自己的責任。由於知道母親住院的人並不多，許多人在喪禮中吃驚哭泣，我卻不能哭。明明因為母親過世而悲痛萬分，我卻認為不可以在人前流露悲傷，當時在意的都是別人的眼光。

十年之後，我做了一個夢。我在夢裡醒來，發現家中一片昏暗，分不清是黎明還是傍晚。接著附近的房間傳出聲音，是父親在說話。此時，我意識到這一天正是母親的喪禮。

我走過好幾個房間，來到父親身邊。父親對我說：「你醒啦？」原來母親的喪禮已經結束，而我在這個夢裡並未參加。「你媽媽差不多要火化完了，你可以幫我去拿媽媽的骨灰嗎？」我想拿骨灰我還做得到，於是對父親說：「我去。」

對我來說，這個夢的意義十分重大。夢中的我不同於現實，坦承對父親說：「我不參加喪禮。」現實生活中，我以為這樣說會遭到父親嚴厲斥責而不敢開口，夢中的我總算勇敢說出口了。

我竟然花了十年，才對父親說出自己的心情。

做了這個夢之後，我就不再像過去一樣，那麼常夢到母親了。經常夢見已過世的人，表示自己認為和對方之間還有未竟的課題。夢中的母親就像希臘陶壺上畫的死者一樣，仰望著虛空，一看就知道已經不在人世。我從未在夢中與母親像生前一般交談。

和母親相對無語的夢境，反映著當初我守在病床邊的日子。夢境是為了安慰我，母親雖然還躺在病床上，其實已經不屬於這個人世，我再也無法為她多做什麼了。

不論是夢見父親還是母親，都代表我已經獨立。畏懼父親的臉色而說不出真話，並不是因為不想讓父親難過，而是害怕長期陪在母親身邊，卻沒能見到她最後一面的事，遭到父親責備。

不再夢見母親，表示有些事情我能為母親做到，有些事情做不到，而我終於鼓起勇氣承認我做不到，也開始接受人生就是會遭遇很多沒有道理的事，例如母親竟然在比現在的我年輕得多時，便因病辭世。

夢見過世的人，

代表自己認為和對方之間

還有未竟的課題。

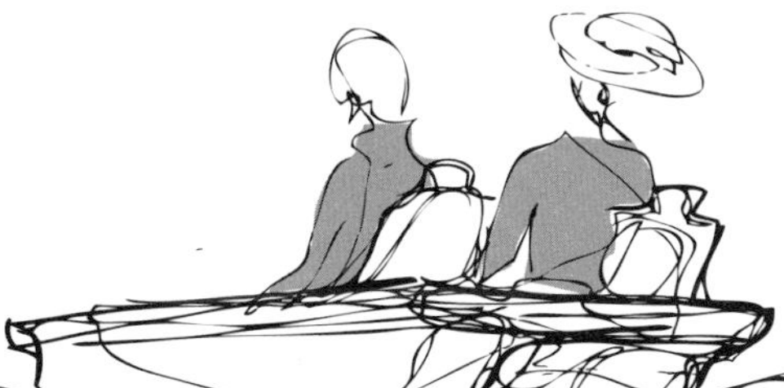

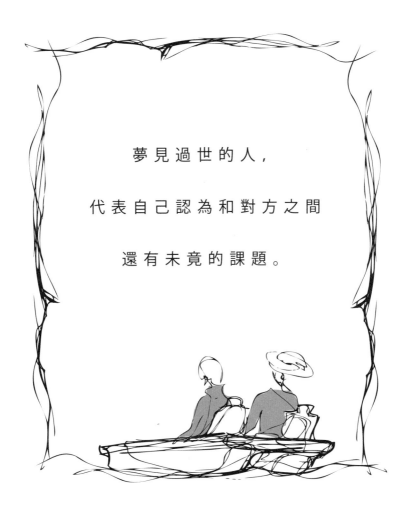

最好的孝順就是不孝

照護父親時，有一天父親突然對我說：「在你結婚之前，我還不能走。」

父親說出這句話時，其實我早就結婚了。妻子週末也會來照顧父親，我很驚訝，心想父親究竟以為妻子是誰。

對於父親而言，我還是一個未婚的研究生。以往在家中，總是由母親負責緩和我與父親之間的氣氛；母親過世之後，我和父親之間的關係變得更加緊繃，我無法和父親自在對話，光是待在同一個空間，便令我緊張不已。

在這種情況下，我思索著有什麼方法可以避免與父親獨處，當時想到的就是結婚。當然那並不是我結婚的目的，但是母親的死、與父親之間緊張的關係，的確促使我下定決心結婚，加快我踏入婚姻的腳步。當妻子來到母親已經不在的家中，一家三口的氣氛果然和之前迥然不同。

父親生病之後，忘了大部份的事。我很驚訝他記得的不是他、我和妻子一家三口共度的時光，而是負責緩和氣氛的母親離開之後，我們父子獨處、氣氛緊張的日子。我光是回想都覺得十分痛苦，但或許那些日子，在父親心中留下了什麼美好的回憶也說不定。

父親對居家看護的護理師與照護員說我還沒結婚，但是他們都知道我已經結婚，也有孩子了。其中一位護理師對父親說：「不對，你兒子已經結婚了。」父親回答：「不，我沒參加過婚禮。」

父親的回答斬釘截鐵，問的人可能還以為是自己記錯了。

面對說出「你還沒結婚，所以我不能死」的父親，我擔心如果告訴他我已經結婚了，說不定他立刻就放心的走了，所以總是敷衍父親的提問。

父母會在孩子需要自己時，感到自己存在的意義而打起精神。獨居時，父親經常打電話來，內容多半是身體哪裡不舒服，去了哪間醫院和接受哪些診斷。電話中的聲音微弱，持續沒完沒了的抱怨。

當然父親是真的身體不舒服才打電話來，所以聽到父親虛弱的說出「我可能不行了」，總令我擔心得不知該如何是好。大概是因為聽到「可能不行了」這種話，就覺得父親的死期好像近在眼前了。

我去首爾演講時，很驚訝居然有年輕人問我要如何孝順父母，在日本從來沒人問過我這個問題，我的回答是**最好的孝順就是不孝**。

我在二〇〇六年因為心肌梗塞而病倒時，父親突然像是年輕了十歲一樣，精力充沛。之前連聲音都無精打采，我病倒後卻變得神采奕奕。我想父親應該是覺得兒子病倒了，自己得打起精神才行。

父親長年罹患心絞痛，冠狀動脈放了好幾根支架，每半年必須去醫院接受造影檢查。有一次檢查時，父親突然身體不舒服，我接到醫院的通知，一大早趕去，看到父親血壓急速下降，我還以為他會就此離開人世，幸好後來平安脫離險境。可是檢查完成後，父親一直維持在亢奮的狀態，不斷和我說話。

結果那天我陪伴父親十幾個小時，兩人聊了許多。手術應該不輕鬆，父親卻沒有任何抱怨，反而擔心起我的身體狀況。大概是當時我在醫院工作，和父親見面時提過自己工作繁忙，必須從早工作到晚。

換成是我，到了生死關頭，還能像父親一樣擔心別人的處境嗎？

當我在演講中提到這段往事時，翻譯哽咽得說不出話來。我看了一下，發現很多聽眾的眼眶也都泛著淚光，眾人出乎意料的反應令我困惑，不過應該是大家都了解了，這樣才算是真正的孝順吧！

父母發現子女還需要自己時，

會莫名地湧現活力。

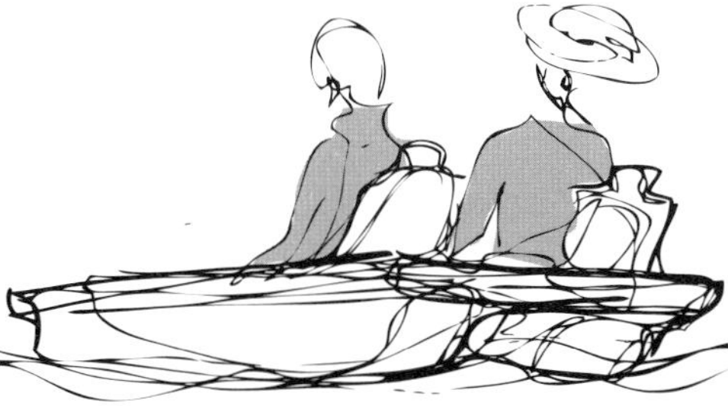

親口告訴父母，活著就有價值

當父母需要照護時，子女多少會意識到自己也上了年紀，所以了解父母如何接受年老，並不是那麼困難的事。

人生只能前進，無法後退，身體狀況也是一樣。我們無法恢復青春，也不能逃離老化，隨著年齡增長，牙齒鬆動，容貌衰老，身體開始出現以前沒有的毛病，忘記人名的次數也越來越頻繁。儘管心裡一直覺得自己很年輕，也必須面對青春不再的現實。

認為年輕才有價值的人，會想盡辦法避免衰老，但是這是不可能實現的願望。人不可能凍齡不老。

然而，如果做個調查，我想應該沒什麼人願意放棄現在，回到十八歲吧？因為如果不能帶著現在的知識與經驗一起回到過去，就必須從頭學習許多事物，還得重複厭煩的人際關係。

如同人生不能後退，身體的退化也不可逆，沒有人可以擺脫老化。**人的年齡不斷增長，並不單單代表從青春高峰走下坡，我們應該能從年齡增長中找到值得肯定的意義。**

如果無法以肯定的態度面對自己的衰老，等到父母無法自理而需要照護時，也會很難接受父母需要照護的現實。

我認為用生產力判定人生價值，是錯誤的想法。認為只有生產才有價值的人，等到年邁什麼也無法做的時候，就會因為悲傷而決心逃避現實，這正是失智的心理因素背景。

協助罹患失智症的父母時，子女必須先接受他們什麼也不會做了，不再以生產力高低的角度看待他們。我們評斷人的價值時，不應該以做得到什麼為標準，而是著重對方的「存在」。

曾經因為生病而無法動彈的人，應該可以了解，無法動彈又需要人照顧時，相信自己還有生存的價值，需要極大的勇氣。雖然自己處於需要照護的情況下，可能很難認同，然而**人生的價值就在於任何時候都能感受到生命的喜悅，而非終有一天能恢復到年輕的狀態，再次像以前一樣工作。**

認清總有一天能力會逐漸下降，便能調整工作的內容與份量。當然，現在的確有許多銀髮族不退休，但是每個人的狀況不盡相同，不可一概而論。

有些人雖然不見得認同生產才有價值，但一旦離開工作崗位，還是覺得自己頓失價值，生活很不如意。尤其是一直隸屬於組織的人，離開組織將會是人生的一大危機。

例如一輩子被人尊稱為「老師」的人，離開學校、不再是老師時，心理往往會受到打擊。老師這個角色，是擔任學校教職時所戴的面具，辭去工作，卸下面具，接受自己不再是老師的事實，並非易事。其實不僅是老師，人老了之後，都很難相信自己還有價值。

所以，老人會開始藉由抱怨，逼迫周遭的人肯定自己，有些人則會開始溺愛孫子孫女。祖父母對於孫子孫女的責任，不如親子關係沉重，但是祖父母溺愛孫子孫女，往往會造成父母教養時的困擾，有時甚至會因此發生爭執。

父母製造麻煩是為了吸引子女注意，並確保自己在家中的地位，所以只要父母相信自己有價值，便不會如此了。

為了讓父母覺得自己有價值，請特別留意父母對家人的貢獻。對父母的付出說「謝謝」或是「你幫了我好多忙」當然好，但是等到父母無法自由行動，愈來愈健忘時，也一定要告訴父母，他們光是活著，便是對家庭有貢獻了。如此一來，父母不用做出令子女困擾的行為，也會覺得自己活得有價值。

年歲增長，

並非只是青春的消逝。

我們應該要從中

找到值得肯定的意義。

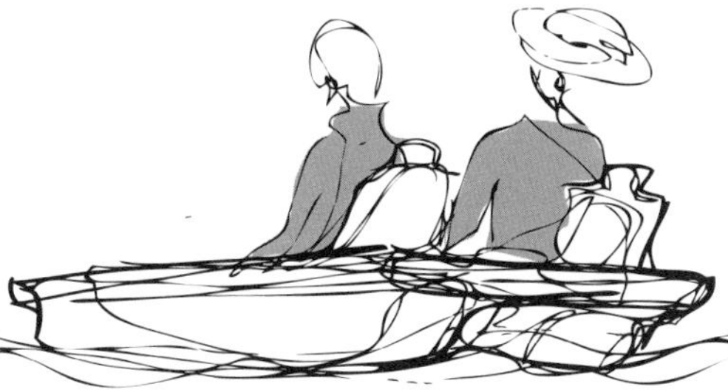

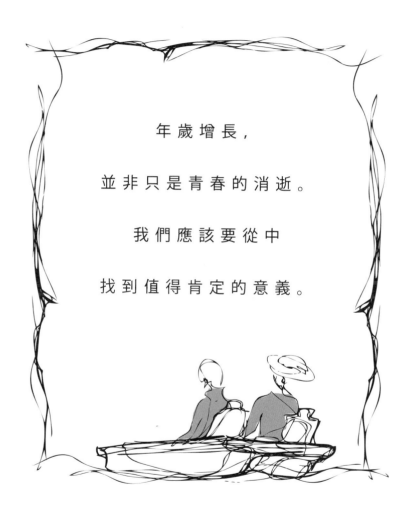

父親過世之後依舊對我訴說

父親在八十四歲那年過世。

那天我接到醫院通知，深夜趕到醫院時，看到父親已經開始瀕死呼吸，心中便有數了。據護理師表示，我和妻子趕到之後，父親有稍稍回穩了一會兒。我之前已經告訴主治醫生，要放棄心臟按摩等急救措施，所以父親臨終時，連護理師也離開病房，留下我和妻子默默陪伴父親。

呼吸停止之前，父親流下了眼淚，我上前低聲呼喚他，螢幕顯示心跳和呼吸的波長都出現了變化。雖然這些現象在科學上一定有什麼合理的解釋，但我寧可相信是父親還有話想對我說。

就像古希臘詩人的描述，父親呼吸停止之後，就像陷入神聖的睡眠。等到天色終於大白，我拉開窗簾，發現眼前是一片雪景，蒼鷺靜靜從病房旁邊飛過。

當身體受到外力影響，例如雙手被綑綁時，就無法隨心所欲的活動；一旦大腦出現了問題，也可能無法控制身體的動作，但是大腦無法支配心靈。當我（也就是心靈）決定了運作的目標，便會驅使大腦讓身體活動起來，大腦只是心靈的工具，而非心靈的源頭。

大腦雖然是心靈最重要的工具，但畢竟只是工具。無論大腦產生什麼問題、言行因而受到什麼影響，大腦主人的人格（心靈）都不會有任何改變。

當然，大腦出現問題或是死亡，導致大腦停止活動時，就無法像以前一樣發出聲音，也無法自由活動，所以家屬再也無法聽見親人的聲音，看見他們的面容、擁抱他們的身軀。

我演講時，常常用麥克風故障來譬喻大腦病變。父親的大腦有問題，就像麥克風故障，所以我的聲音傳不過去；偶爾父親恢復意識時，就像接觸不良的麥克風突然接上線；等到父親離開人世，便是麥克風壞掉，再也修不好了。

但是我是人，不是麥克風。儘管父親聽不見我的聲音，儘管傳遞聲音的麥克風故障了，我還是要繼續說下去。同樣的，死去的人雖然發不出聲音，也還是可以不斷訴說。我們想起許久未見或住在遠方的親友時，可以透過回憶過往的對話，感受到對方的存在。所以死者活在我們心中不只是個譬喻，每當我們想起死者時，他就會近在身邊。

我還能遇到活著的人，無法再見到過世的人；還活著的作家能出新書，已經過世的作家不會再出新書。但是只要閱讀作者留下來的作品，就可以發現過世的作者並沒有消失，他還活在作品裡。那天我待在已經停止呼吸的父親身邊時，腦中不斷想著這些事。

靈車來得很晚，父親離開醫院時，正是護理師早班交接的時間。儘管大家十分忙碌，還是有許多護理師來為父親送行。父親離開我們雖然令人悲傷，但是想起所有照顧過父親的人士，我的胸口不禁熱了起來。無論死亡究竟是怎麼一回事，畢竟是分別，我一時之間，陷入深深的失落感。

不過，如果我沒有打起精神，回到原本的生活，父親一定會責備我的。

每當想起過世的人時，

對方就會近在身邊。

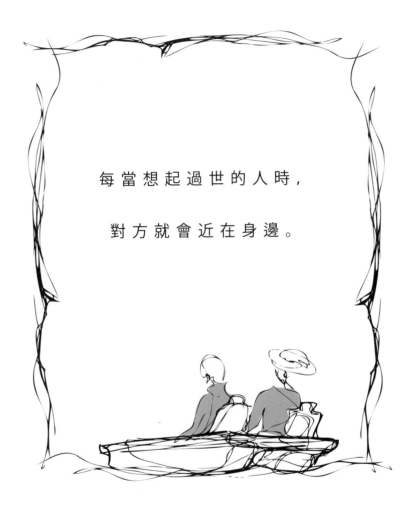

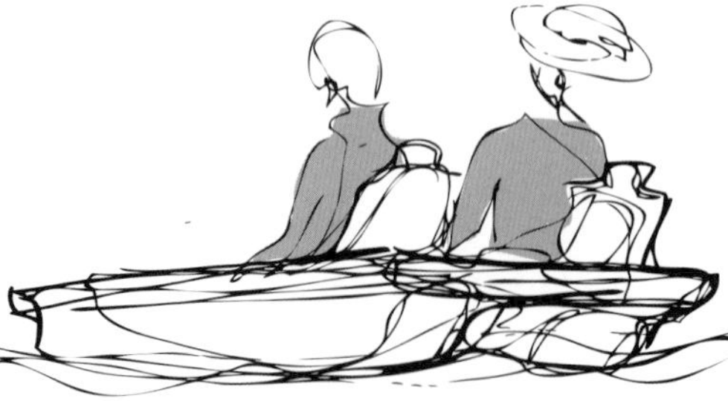

儘管死亡逼近眼前，依舊想活得像自己

我因為心肌梗塞而住院時，雖然有幸撿回一條命，卻也在加護病房躺了好幾天。當時我連翻身都需要護理師協助，別說是看書了，就連聽音樂也不行，度日如年，時光彷彿凍結。

等到終於可以坐起來時，我請家人拿來電腦，搜尋疾病的相關資訊，並將住院的情況上傳到部落格。又想到我剛住院時，不知道我病倒的編輯寄來的校對稿，於是慢慢開始訂正和補充。

有一天，來巡房的醫生診視完要走出病房時，注意到我正在校對的稿子，便坐在病床邊的沙發讀了起來，還問我：「這本書在寫什麼？」我告訴醫生：「內容是說人總有一天會死，死之前該如何生活。」

醫生只笑著對我說：「不要給自己太大壓力。」便走出病房了。校稿非常耗費精神，我的病情最不耐壓力，醫生其實應該更強硬的阻止我才對。

可是就算我因為校稿而飽受壓力，甚至可能因此縮短壽命，我還是一邊祈禱這本書不會成為遺作，一邊努力讓這本書順利出版。

後來，醫生每次來巡房時，與我越談越深。他不僅說明病情，也會拿起我帶進病房的書籍，跟我討論文學與哲學。

有一天，這位醫生對我說：「請多寫幾本書吧！書才會流傳後世。」

這句話可以解釋成我的肉體會消失，但是書可以永遠流傳。原本醫師不應該對病患說這種話，但是這位醫生明白我最重視的是什麼。

我認為協助患者度過人生最後的日子，也是醫師和護理人員重要的工作之一，如果醫護人員不了解病患住院之前過的是哪一種人生，便無法提供協助。

對於患者與家屬而言，並不希望醫護人員認為患者只是病人。我在醫院照護父親時，曾經拿出父親年輕時的照片給護理師看，因為我希望無論父親現在是什麼樣的狀況，護理師都能明白眼前的父親也曾經走過漫長的人生。

作家井上靖在病房鋪上地毯，把矮桌搬進病房寫小說。看到強忍病痛，也要繼續寫小說的病人，相信沒有醫護人員會要求他一定要遵守醫院的規則吧！

英文的 life 並非單指「生命」，也包含「生活」，甚至是「人生」之意。醫護人員的工作並非延長患者壽命，有些人甚至會拒絕延長壽命。然而，**就算死亡來到眼前，我還是希望能夠活得像自己**。

最後，我很幸運的恢復了健康，想起醫師和護理師等醫護人員，不單純認為我是需要接受治療的患者，而是以對待「人」的方式對待我，就覺得很感激。

剛住院時，每到入睡前我總是擔心自己可能一睡不起。後來我終於可以安心地度過每一天，不再恐懼這一覺可能是人生最後一覺。誰知日後妻子反而取笑我，說我在醫院每一天看起來都很高興。

不想被當作一介患者。

因為患者住院之前

也有自己的人生。

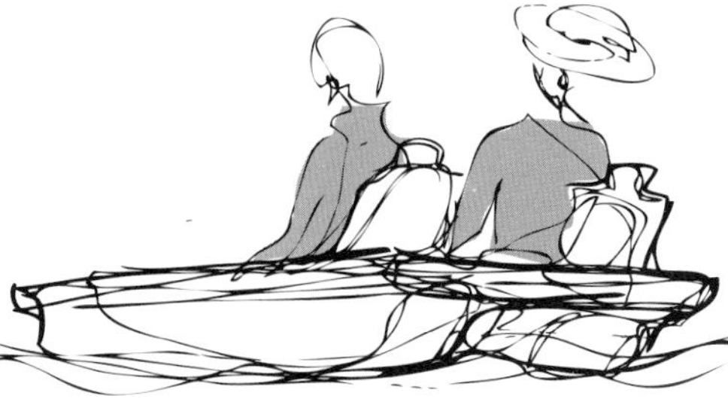

| 第二章 |

接受現實的勇氣

鼓起勇氣，接受父母最真實的模樣

有些人和我罹患失智症的父親對話時，會覺得他說話有條有理，根本不會發現有哪裡不對勁。但是在條理分明的對話中，父親又會洩露出兒子還沒結婚之類的小錯誤，照護員聽了還特別來跟我確認。

父親說的話就像夢境一樣，並非永遠荒唐無稽，有時候還頗有道理。但是無論多麼符合邏輯，夢境就是夢境，不會變成現實，張開眼睛，一切便結束了。

有時候，是夢中的邏輯出現了破綻，無須張開眼睛，就會開始懷疑眼前的景象只是一場夢。夢境雖然某種程度符合邏輯，畢竟只是空中樓閣，父親的邏輯就像處於夢中的人。

認識我的人會對父親說：「不是吧？令公子已經結婚了。」「不，他沒邀請我參加婚禮過。」父親的口氣充滿自信，問的人可能還以為是自己記錯了。

就算說的話不是事實，只要父親不會因此身陷危險，我認為不需要特別糾正他。但是如果父親突然說想出門，我就一定得勸阻，因為父親已經無法自行走路了。

父親經常忘記是否已經用餐，這種時候不需要斥責他「剛剛不是吃過了」，只需淡淡地說「剛剛吃過了喔」就好。我如是回答，父親通常不會再要求些什麼。

有一天，父親吃過早餐後睡著，十點醒來時很嚴肅的對我說：「我今天要回家。」那陣子父親因為身體不適住院兩個月，才剛出院回家沒多久，突然這樣說，嚇了我一跳。我先勸父親在沙發上坐下來，問他怎麼回事。

聽完父親的說法，我才明白他以為這裡只是暫時的住處，他必須回到「那裡」。我告訴父親，這裡不是暫時的住處，「爸爸不用回去別的地方了。」「所以這裡是我家嗎？」「對，我們已經賣掉之前的房子，去年搬回這裡。這裡是爸爸結婚之後一直住的家喔！」

雖然父親連和母親一起住在這裡的往事也忘了，我還是向父親說明這裡不是暫時的住處，不需要再回去哪裡，而且，父親已經沒有其他可以回去的家了。

「所以我不需要搬去其他地方了嗎？我一直以為我不久就得回家。你看那邊那棵樹，之前曾叫你幫忙修剪呢！那時候我還想，春天到了又會長出來，我明明馬上就要回家了，為什麼要做那種事呢？」

父親退休之後，到關係企業工作，長期一個人住在橫濱。我不清楚父親說今天要回家的「家」是指橫濱的家？還是離開關係企業和橫濱後，自己一個人住的家？但是聽完我冷靜的說明之後，父親終於明白這裡是永遠的家。

重點是讓父親知道可以安心住在這裡。自從明白這一點之後，父親看起來不再那麼慌張了。

重要的是讓父親明白

「住在這裡沒關係」、

「這裡就是自己家」。

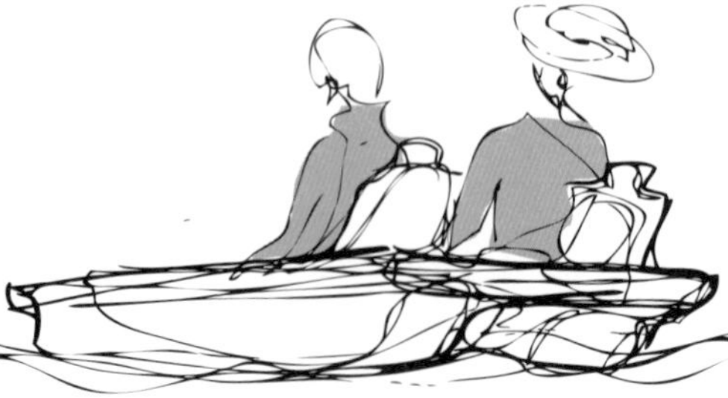

父親心中對於戰爭的憤怒，不會消失

父親生於一九二八年，受到年齡相差甚多的兄長影響，還沒等到徵兵，就自願成為海軍飛行預科練習生。當時他在奈良接受訓練，幸好戰爭在實機練習之前便結束了，如果再拖久一點，說不定父親便會以特攻隊隊員的身份戰死沙場。

訓練時，父親曾經遭受P-51野馬式戰鬥機的機關槍近距離掃射。父親多次指著住家旁邊的道路，描述這段恐怖的回憶：「距離大概是從這邊到那邊，其實可能沒那麼近，但那時候我深深感受到死亡的可怕。」

我問父親為何不等徵兵就志願入伍，父親說：「我不是為了國家，只是覺得既然到了二十歲都得去打仗，還不如早點去比較好。至少可以在同齡的人入伍之前，往上爬一點。我當時很天真，單純覺得當兵是件光榮的事，沒想過可能會死。」

聽到父親說他當時很憧憬能穿上軍人制服，我不禁覺得，不告訴年輕人戰爭究竟是怎麼一回事，是成人的失職，像父親就沒考慮過自己可能會因為戰爭而喪命。

戰爭結束之後，父親回到京都。「我約莫八月二十五日回到家中，結果你爺爺因為營養不良，在前一天過世，家人正在準備喪禮；你奶奶因為肺浸潤，前一年的十二月就走了。」

父親受訓的地點奈良離京都並不遠，實在難以想像為何連爺爺奶奶過世，家人也沒有聯絡父親；父親並不是去很遠的地方當兵，戰爭結束了好幾天才回到家，也很奇怪。

但是，重要的不是事實，而是父親心中認定的「真實」。父親向我提過好幾次機關槍掃射的往事，他描述這段經歷時一定覺得這世界很可怕吧！但明明還有許多可以佐證世界很可怕的回憶，父親卻單單挑選了這段來說。

此外，父親會反覆提到爺爺奶奶過世，也許是想到自己的死亡，又或許是責怪其他家人竟然沒有通知他這麼重要的事。我猜測親戚們是擔心父親知道之後，會喪失戰鬥意志，因而刻意不告訴他的。

父親多次提到自己的戰爭經驗，對於不懂戰爭的年輕政治家好勇鬥狠的言論感到非常憤慨。無論是什麼時代，政治家總是躲在後方的安全地帶，以保護國家為名，送國民上戰場。如果那些看似無所畏懼的政治家，像父親一樣經歷過機關槍近距離掃射，說不定會腿軟到站不起來了。

父親是在失智之後，我在家中照護他時，才提起曾經被機關槍掃射的往事。他的記憶十分鮮明，描述的當下彷彿正被機關槍掃射。父親明明已經記不得剛剛發生的事情，連前一秒吃過飯都會忘記，卻無法忘懷如此恐怖的往事，想到這點便令我十分難過，但唯一能做的事，卻只是聆聽。

如果那些看似無所畏懼的

政治家，也經歷過機關槍

近距離掃射，說不定會腿軟

到站不起來了。

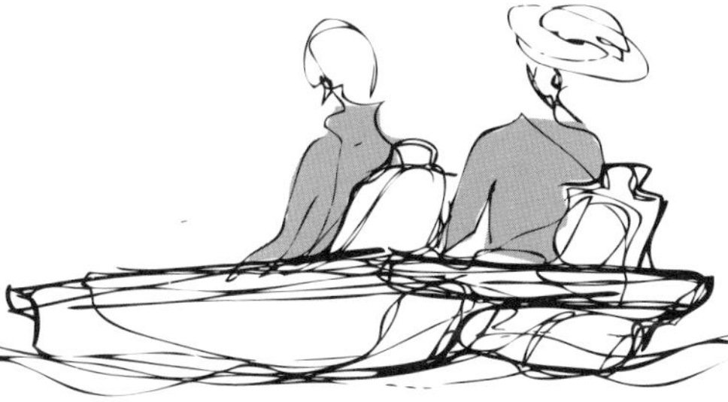

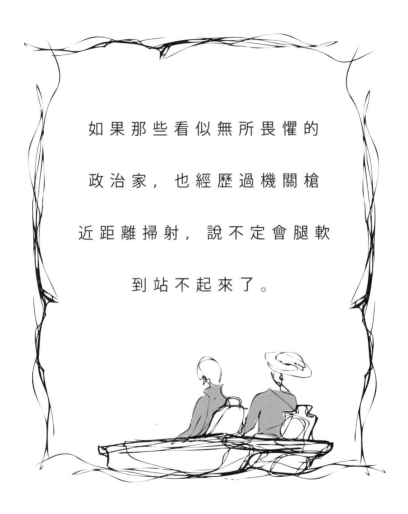

面對接受現實的痛苦

父親生病後，意識朦朧，就好像活在雲裡霧中，而且不知道大霧之外還有另一個世界。不過彷彿活在夢境當中的他，狀況好時也會突然回到現實世界，只是一旦清醒過來，父親會變得很不安。

父親醒來通常有原因，像是身體狀況不錯、天氣晴朗等等。此時父親會說：「我要去剪個頭髮。」其實父親不但不知道該去哪裡剪頭髮，手上也沒有錢，還得要我提醒他，他才會意識到這些問題。金錢基本上是由我管理，父親無法自由運用。

因此，什麼都不知道似乎還比較幸福。平常父親很少想到自己究竟如何過活，但每次短暫清醒，發現已經無法自理生活時，還是會覺得很痛苦。

然而**人生本來就是痛苦的，活著就會感到痛苦**。恢復神志，不只會令患者本人痛苦，負責照護的家人也很困擾，但是我認為這就是恢復清明的代價。

有一天我去父親家時，他拿出夜裡寫的筆記，要我看看。筆記本整整一頁寫滿父親的不安。剛開始看護時，父親有時會在筆記本上簡短記錄幾點用餐等等，但是不知從何時開始，他連記錄也不寫了。

由於父親的字體不是很容易辨識，有時候還上文不接下語，所以我看到父親寫出那麼長的文章，感到非常驚訝，我原本以為父親已經無法書寫了。

父親似乎總是生活在霧裡，但寫文章時的清醒，就彷彿大霧從他的世界中散去了。忘記過往和偶爾窺見的外界，讓父親十分不安，文章裡記載了他肚子餓卻只有一點點錢，不夠吃飯；很想打電話給朋友卻找不到手機，覺得很可惜等等。

當時父親已經無法使用手機，但有時還是會想起來，晚上如果發生事情的話，「我要是找不到你會很不方便。」結果正如父親擔心的一樣，真的在半夜發生了骨折的意外。

父親時不時會浮現「如果發生意外」的不安，然而這種不安只會在大霧散去的清明瞬間出現，因此我很難將它趕出父親的意識。

患病的雙親不明白自己出門可能發生意外，負責照護的子女還可以想辦法避免雙親外出。然而雙親是因為看到霧另一邊的世界而痛苦時，負責照護的子女儘管也會跟著痛苦，**問題還是必須留待雙親自己解決**。

這種時候，反覆傾訴對父親來說十分重要。**子女的耐心聆聽，可以使父母冷靜**，所以我下定決心認真傾聽父親說話。

但是後來我發現，大霧散去時，父親不一定每次都非常痛苦。有一天父親吃過晚飯在發呆，突然問我：「現在在下雨嗎？」我回答「沒有」，父親居然對我說：「趁沒下雨時回去吧！路上小心，我也要睡了。」

我每天大概早上七點半去父親住的老家，準備三餐和協助他上廁所。傍晚父親睡了，我便回到走路約莫十五分鐘路程的自家。父親通常用過晚餐後馬上就寢，而我會等他睡了，收拾好餐具才回家。

父親常常搞不清楚自己在哪裡和為什麼在這裡，之前還曾因為我整天都在家中陪他，而以為我們一直住在一起。但是父親會說出「趁沒下雨時回去吧」，表示他當時確實了解自己身處何地和為何在此。

失智症患者的清醒，並不是想起過往的記憶，而是了解自己身處何處和與他人之間的關係。

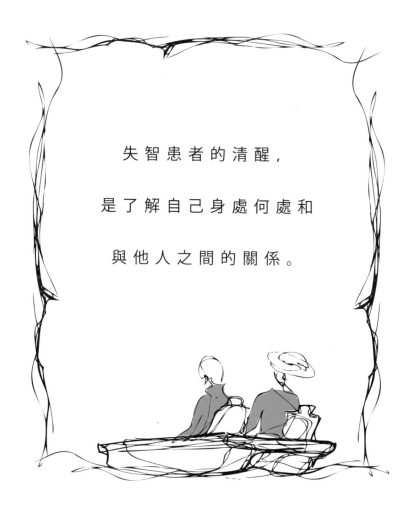

失智患者的清醒，

是了解自己身處何處和

與他人之間的關係。

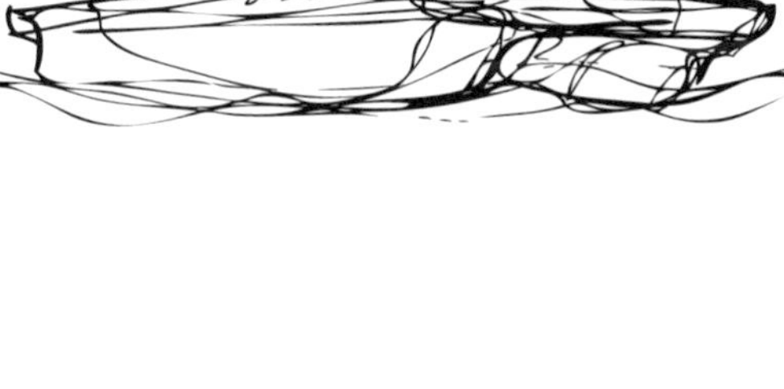

如果無法想起過去，從頭再來就好

有時候從沉睡中醒來，一時之間會不知道自己究竟還在夢裡，或是已經清醒，不過一般人通常都能馬上回到現實，不會把夢境帶到真實生活中。

然而，父親醒來之後，卻會把夢境帶到現實世界。我想每個人都有帶著夢境中的情緒醒來的經驗，例如明明得出門卻不想出門時，為了堅定不要出門的決心，會導致人作噩夢。此時重要的是情緒，而不是夢境的內容，因為人人都會做夢，卻不見得會記得是什麼夢。

但是父親帶回現實世界的，不僅是夢中的情緒。有一天，父親對我說：「我好像做了一個夢，但又不確定究竟是現實還是夢。我覺得我的腦袋真的出問題了。」

一般人不可能無法分辨現實和夢境。旅行外宿時醒來，就算一時之間不知身在何處，至少馬上就能發現自己不是在家裡。父親說他不知道究竟是現實還是夢，半夜在醫院醒來，也不知自己身在何處，結果走出病房，就在醫院裡迷路了。

我問父親做了什麼樣的夢，父親告訴我：「我想是在京都，我明明知道再過兩條巷子左轉就是我家，認識的電器行老闆娘卻特地走出來說我看起來很奇怪，要開車送我回家……我回到這個家，發現夢裡經常出現的人也在家裡，卻不知道對方是誰。我瞄了一下對方的側面，他卻對我說：『這裡不是你家，出去！』」

鄰居覺得父親很奇怪而送父親回家，其實是現實生活中發生的事，那一陣子父親常常出了門就不知道怎麼回家。

父親忘了許多過去的事，我不知道想起那些過去，對父親究竟是幸還是不幸。有一天，父親對我說：「（夢裡）有人問我：『那是你太太嗎？』我看了一下那個人的臉，不知道她是誰。」

父親夢裡究竟是和誰在一起呢？他連一起過了四分之一個世紀的妻子也忘了。父親對於自己不記得母親，的確曾經說過感到「萬般寂寞」。說出這句話時，父親應該明白自己忘了妻子是誰，然而儘管很寂寞，父親並未特別表達希望能想起母親，反而說：「忘了也沒辦法。」甚至還說：「就把過去的一切全部忘掉，從頭再來就好。」

這不是放棄，也不是毫無意義的忘卻。我在父親現在住的家中出生與長大，但是父親連這件事情也忘記了。一般人聽到別人說起以前的事，大概就像在聽前世的記憶吧！就算知道自己前世是誰，也不會覺得和自己有什麼關係，更無法證明自己的前世就是對方。但如果是現在的人生，就算幾乎忘記一切，也還有證人；或就算自己記不住，也會想要了解。

但是父親不一樣。對父親而言，聽到以前和母親一起在這個家生活的往事，就像在讀歷史課本。課本裡記載的事件、年代和說明，與自己並無關係，如果沒有發揮充分的想像力，根本不會產生任何感慨。父親的心情正是如此。

說到證人，還可以用一件事來說明。小時候，有一次我到父親出生成長的老家玩，在室內被蜜蜂螫咬了。這件事情原本就只有我和父親知道，而現在父親已經忘了，連帶我也無法證明真有此事。父親失去了過去，而我失去了證人，我們之間有一部份的過往也因而消失。父母失去記憶，並非單純只是父母的問題，子女會覺得和父母一同走過的歷史和記憶中的自己，也隨之消失。

有一天，父親看了母親的照片，說他想起了母親。當時我並不在場，不知道父親的想起來，是想起了什麼呢？母親的臉嗎？還是和母親一同生活的日子呢？……我覺得父親想起的，應該不是對母親的感情。

促使對方想起過往並無意義。正如父親所言，從頭再來就好。

看到一點一滴忘記一切的父親，我思考著，如果有一天妻子忘記我是誰時，該如何是好。就算我拿照片給妻子看，告訴她「你是我的妻子喔」，對方的愛也不會恢復。

既然如此，再從頭開始戀愛就好。決定每天都要更新關係，表示覺悟到**每天都是新的開始，而不是昨天的延續**。當然，未來的事沒有人知道，搞不好是我先失智也不一定。

如果妻子忘了我，

再從頭戀愛一次就好。

承認「活在當下」的父親，不強求過去或未來

剛開始照護父親時，我會因為父親居然才到傍晚，便忘了早上曾出門散步而吃驚。最後父親連剛剛說過的話和做過的事都忘得一乾二淨。當護理師和照護員結束工作要回家，我送他們到玄關，再回到父親身邊時，父親已經連護理師和照護員來過都忘了。

雖然我最後終於習慣了父親馬上忘記所有事情的症狀，但是相信不只是我，所有為人子女者都曾經因而困惑。無論如何無微不至的照護父親，父親也馬上就忘記了，不禁覺得一切都是徒勞無功。

如果開口之前，便知道對方只會回答「忘記了」或「不知道」，就不需要刻意詢問；知道對方會馬上忘記自己吃過飯，就不要問他「記不記得吃過飯」。**開口詢問時，內心當然有一絲對方可能記得的期待，但是，試探父母並不會改善彼此之間的關係。**

有一次我請太太先去照顧父親。當我抵達父親家時，他已經吃過晚飯了。雖然我知道他已經用過晚餐，根本不需要再次確認，但還是問了他一次。結果父親回答我：「如果我說不記得了，你會再給我吃一頓嗎？」說完之後，父親放聲大笑，我覺得自己被將了一軍。

父親生活在現在與多重過去自由連結的環境中，他的腦子裡沒有過去式，只有現在式。當我領悟到這件事時，就覺得自己比較能理解他的言行了。

有一天，父親和護理師聊到抽菸和喝酒。父親說：「我現在不太喝酒，偶爾會為了應酬而喝一點。」但「現在」的父親並沒有需要「應酬」的場合。那時，我發現父親是站在過去的時間軸生活，所以把過去當作「現在」。

只要是現在想起來的事，就可以說是「現在」，因此父親並沒有說錯。儘管父親可以把想起來的「過去」當作實際的「現在」，但按照順序排列發生過的事情，卻不見得每一次都能排得對。

又有一次，父親對護理師說：「像現在這樣坐著不動，呼吸是很順暢，但是我會心絞痛，這是治不好的病，沒有辦法解決。只要我一活動，例如去（一樓的）廁所，再爬樓梯上來時，就會呼吸困難。」

一樓的確有廁所。但是說出這番話的當下，父親已經因為危險而不再上下樓梯了，因此我明白父親說的不是現在，而是以前上下樓梯的往事。父親會說自己去樓下上廁所，表示他無法區別現在與過去。

我還聽過父親對護理師說：「我最近都沒大便。」其實那時候已經用灌腸來控制父親的排便，也為了灌腸而請來護理師協助。雖然父親活在只有現在式的世界，但並不需要刻意糾正他。

儘管父母說的並非事實，只要不會造成傷害，就不是什麼大問題。**子女無須全面承認雙親說的話，但是可以試著接受，因為那代表了「雙親心中的事實」**。

就算對方無法區分

過去與現在，

也無須刻意糾正。

就算忘了過去，重新建立關係就好

親子之間的關係如果一直很好，子女必須照護父母時會比較順利。然而，能常保親子關係良好的人並不多，與父母累積了許多不愉快的子女，對雙親的感情往往十分複雜，當父母需要照護時，子女是被迫重新面對雙親的。

更糟的是，父母可能已忘了過往的一切，但這並不代表恩怨都煙消雲散了。**糾結往事的子女，面對忘了一切的父母，恐怕更多的是絕望的感覺。**

前面曾提到，有一次父親突然說出「忘了也沒辦法」這句話，他在說出「就把過去的一切全部忘掉，從頭再來就好」的當下，好像恢復到我童年時代認識的父親了。

平時父親彷彿總是處於五里霧中，幸而大霧有時也會散去，讓他短暫回到生病之前的清明。然而，我卻無法判斷，這對父親究竟是幸還是不幸。

因為身在大霧中的父親，連自己忘了什麼都不知道；大霧散去時的父親，雖然想不起往事，但是知道自己忘了過去。父親以前經常說連忘了都不知道很可怕，神思短暫清明的父親，似乎回到了說這句話時恐懼遺忘的心情。

我明明擁有各式各樣與父親相關的記憶，但是當我們的關係惡化之後，我想起的都是足以證明我們感情不好的往事，最具代表性的就是小學時挨父親揍。然而現在，我已經不知道這件事是不是真的了，因為當時現場沒有目擊證人，父親又忘了過去，所以知道這件事的，只剩下我而已了。

就算不是像挨揍這樣嚴重的事件，和父母共同經歷的事情是真是假、如何證明，也是個微妙的問題。如果有很多證人，也許可以篤定的說事情就是如此；但如果只有兩個人知道，而其中一人又說沒有這回事，那可就無法證明事情真的發生過了。

說不定我根本不曾挨過父親揍，然而我會時不時想起那件事情，代表我潛意識中決定不要和父親和好。其實此刻當下和過去並無關連，我可以從現在開始與父親建立良好關係。這樣一來，我就不需要想起不愉快的往事了。

我直到父親宣布「就把過去的一切全部忘掉，從頭再來就好」，才不得不承認和父親的過去已經完全消失，只能重新出發。從那一刻起，回想過去，對我來說已經沒意義，儘管過去和父親關係惡劣，但父親的宣言，促使我下定決心，不再糾結於過去。

雖然我說要「建立良好關係」，但剛開始照護父母時，不需要設定這麼高的目標，**不妨先從「平穩過日子，不要發生大問題就好」開始**。如果一向疏於與父母溝通，一開口便會大吵，此時才想和雙親建立良好關係，當然不是件容易的事，但也絕非不可能。

先從做得到的事情，一點一滴著手，慢慢改善關係即可，例如先以「至少可以心平氣和的在同一空間共處」為目標。

承認和雙親的過往已經消失，

只能重新出發。

回想過去也沒意義。

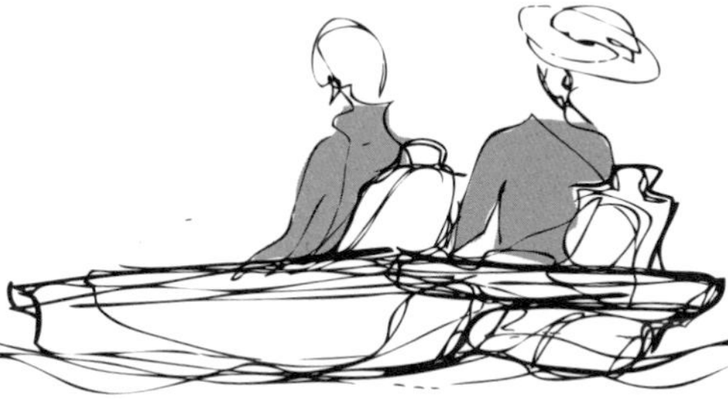

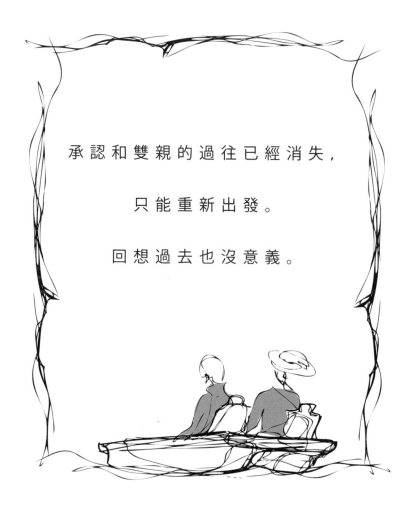

尊敬，就是看著對方真實的模樣

「尊敬」的英文是respect，意指「看著對方真實的模樣」，源自拉丁文的「respicio」，意指「看」或是「檢視」。我們在日常生活中經常忘記要「檢視」，例如「這個人對我而言是無可取代的。」「我和你現在雖然一起生活，但總有一天分離的日子會來到。」「所以在此之前，我們要好好把握，融洽地度過每一天。」等等，都是檢視。

分離不一定是死別，子女長大獨立也是分離的一種，原本感情融洽的情侶，也有可能某天激烈爭吵後分手。

子女和伴侶無論有什麼狀況、是否生病、是否和我的理想不同，都是我所重視的人。我們不應該依照腦中的理想給對方打分數，而應該**看著對方真實的模樣，體認到對方是無可取代的人**。

尊敬雙親也是一樣。看著雙親真實的模樣，看著雙親獨一無二、無人可以取代的模樣；**不刻意加以美化，不帶著理想的有色眼鏡給雙親扣分**。

平順安穩的日子，總是讓人容易忘記家人、伴侶、子女和雙親，不會永遠陪伴在自己身邊，總要到有人突然罹病或是遭逢變故，才會發現和對方共度人生，並非理所當然的事。

之前提過，家母一向健康，某天突然感覺身體不適，醫生診斷是中風，便直接住院了。住院後恢復情況良好，也開始復健，然而一個月之後再度發作，病情急轉直下，因此轉進有腦神經外科的醫院。

住院一個月之後，有一天母親走到室外，瞇著眼睛凝望著天空，那時她一定很不安。母親曾問我，她之後會變得怎樣，我卻不知道該如何回答。

母親轉院後的第一個月，意識還很清楚，但我們之間發生了很情緒化的爭執。當時母親毫不考慮我方不方便，要我馬上買東西來；而我則為了母親居然如此任性，而氣憤不已。

結果不久之後，母親併發肺炎失去了意識，我們終於連對話都做不到了，我開始覺得就連吵架都彌足珍貴。為什麼母親有意識時，我不多跟她說說話呢？我應該更珍惜陪在她身邊的時間，而不是和她吵架啊！母親病倒之前，我根本沒想過我們會有這麼一天，我在母親的病榻前，不斷思索著，**自己是不是浪費了許多寶貴的時間？**

為了將來不要後悔，在日常生活中，不斷想起和對方一起生活、感情融洽的時光，便是所謂的「尊敬」。

父親有一天說：「不管怎麼想，我剩下的日子都不多了。」說出這句話的父親，比起想到人生苦短而焦躁的我，顯得更坦然。父親剩下的日子不多，代表我們父子能共度的日子也不多了。

明明這是件理所當然的事，卻讓我突然想像起父親離開後的日子。想起母親，讓我清楚意識到父親終有一天也會離開我，便更努力避免和父親爭吵了。

在日常生活中，

不斷想起和對方一起生活、

感情融洽的時光，

便是所謂的「尊敬」。

接受現實的雙親，而非理想中的雙親

父母在子女出生之後，才第一次見到子女，剛出生的孩子什麼也不會，隨著他們慢慢長大，只要子女學會一件事，父母便打從心底高興。

父母心中往往有一個理想的子女形象，但那純屬父母的想像，和實際的子女沒有關係。如果他們想將子女教養成他們腦中理想的樣子，雖然很困難，卻也不是不可能。

另一方面，子女心中也會有理想的父母形象，那是父母在老化到需要子女照護之前，一直以來無所不能的形象。

作家北杜夫曾經如此描述自己的父親歌人齋藤茂吉：「兒時滿心懼怕的父親，突然成為大家尊敬的歌人，我一反過往，變得非常尊敬父親，高中時代還模仿父親作品，創作幼稚短歌。」（北杜夫，《青年茂吉》，岩波書店）

北杜夫並沒有忽略齋藤茂吉逐漸衰老的跡象。齋藤茂吉出門散步時會帶著筆記本，把短歌寫在筆記本裡。北杜夫會偷看父親的筆記，發現父親的創作力旺盛便安心；如果看到拙劣的短歌，便對父親的衰老失望。我想他失望的次數一定會逐漸多過安心。如果有人問我是否尊敬父親，我會覺得很彆扭，但是我很能理解北杜夫受到父親創作結果而忽喜忽悲的心情。

作家澤木耕太郎的父親是吟詠俳句的俳人，他把父親的俳句集結成冊。澤木耕太郎曾在著作中提到，不記得曾和父親激烈爭執，應該也不曾反抗過父親（澤木耕太郎，《無名》，幻冬社）。我也只有在父親強迫我信教時，曾經和父親發生過激烈的爭執，但令我驚訝的是，澤木耕太郎居然從小便覺得父親需要自己保護，我從來不曾覺得父親需要我保護。

我身邊也有許多一直尊敬與深愛父母的人。他們的雙親一旦衰老，開始失憶或是個性丕變，恐怕距離留在子女心中理想的雙親樣貌，會非常巨大。

子女若無法重新設定理想的雙親模樣，或是接受現實生活中的父母，便無法建立良好的關係。不僅如此，父母還遺忘了過去。父母忘記的不見得都是美好的回憶，明明是父母造成的痛苦與不快，卻擅自忘記了，這會令子女更難以接受。然而現實生活中存在的，就只有忘記了過去的父母，子女也無可奈何。

我們照護雙親時，能做的事情之一，便是放下理想的雙親形象。否則，面對現實生活中的雙親時，只會扣分。父母年輕時愈是「偉大」，子女愈是難以接受理想與現實的差距。然而看著眼前的雙親，下定決心接受無可取代的他，是可以做到的。

換個立場來看，別人眼中的自己，也很可能只是對方腦中的想像，和現實的自己有很大的差距。儘管對方一直誇獎自己，也不見得真能和對方相處得來。

如果子女總是以過往無所不能的印象，來看待現在的父母，他們必定會因為自己不斷被扣分而非常痛苦。如果子女可以接受眼前、當下的父母，他們在子女面前便無須裝模作樣，只需要做自己，心情一定會輕鬆很多吧！

拋棄以往什麼都做得到的

理想父母形象。

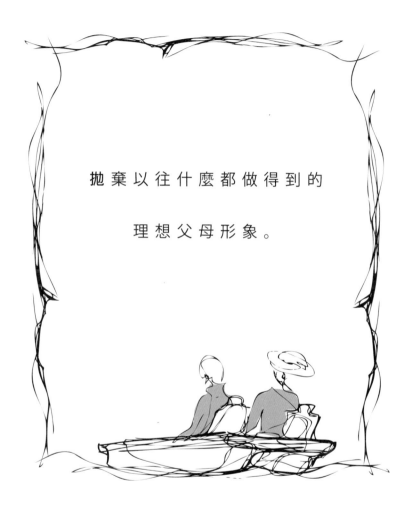

注意父母最好的一面

我之前提過，無論一直以來和雙親的關係如何，我們只能和「當下、眼前」的父母相處。也許我接下來要說的，跟之前的主張有些矛盾，那就是我希望到家中協助居家照護的護理師們，也能了解我父親的過去。

哲學家鶴見俊輔是這麼描述面對生病前後的病人，用字遣詞從未改變的醫師：「這表示醫師並未把病人降級。儘管對方生病了，腦海中依舊保留對對方原來的記憶，這件事非常重要。」（《鶴見俊輔　永遠的新思想家》，河出書房新社）

我無法想像醫生在患者生病前後改變用字遣詞，但是我曾經因為聽到護理師誇獎父親而感到不快。如果父親還健康，護理師一定不可能對他說「真厲害」，就是因為覺得父親像小孩一樣什麼都不懂，才會這麼誇獎他。

但是我知道的父親，並不是什麼都不會。這當然是因為我和父親之間擁有漫長的共同記憶，而醫生和護理師則否，所以他們只知道現在的父親，但是我很希望他們和父親相處時，能了解父親生病之前的模樣。

現在護理師眼中的父親，很少睜開眼睛，說話也顛三倒四，但這不過是父親人生當中的一頁，我熱切希望護理師能夠認識父親以前的「歷史」。就像是照片往往只能拍下瞬間，無法留下影中人完整的模樣；但如果是影片，就算看到對方偶爾露出奇怪的表情，也能明白對方並非總是如此。

因此我把父親年輕時拍攝的照片，與晚年學油畫的作品拿給護理師看。雖然護理師們看到年輕的父親都說「不像呢」，我不知道該如何反應才好，但還是希望他們能夠看到父親不同的一面。

父親後來住進照護機構時，我告訴工作人員父親以前畫過油畫，其中一位工作人員便熱心敦促父親重新拿起畫筆，結果父親畫出的作品非常棒。工作人員看了大吃一驚，於是開始讓父親跟以前一樣，看著照片用色鉛筆畫素描，而不是跟其他患者一樣畫著色畫。父親畫作的輪廓與顏色，都比在家畫時更進步，相形之下，在醫生面前為了失智症檢查而畫的拙劣畫作，簡直像是謊言。

我不覺得人生病了，就會像鶴見俊輔說的，「掉入最低的層級」；我認為，**病人反而比健康的人更加貼近人生的真理。**

我曾經把護理師說不像的那張照片，拿給父親看，那是父親年輕時與母親的合影。然而父親看到照片，反倒對旁邊的擴音機、唱片和火爐展露興趣，而沒有半句話提到母親。父親完全不記得母親，固然令我惆悵不已，但我也了解，特意要父親回想起來也沒有意義。當時的父親的確不需要想起母親，我也不應該干涉父親忘記母親這件事。

我私心想著，要是父親能問一句「這是誰」該有多好？但是父親看著照片，只說了一句：「好懷念」。我盼望，父親不是懷念年輕時住過的房子，而是想起了結婚前和母親共度的時光。

生病並不表示

掉入最低的層級，

病人比健康的人

更加貼近人生的真理。

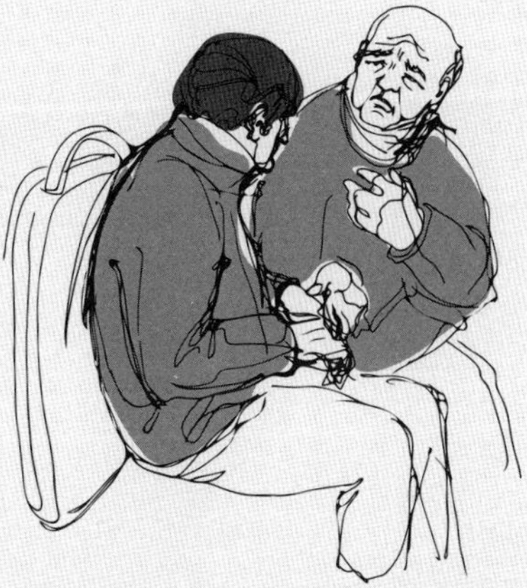

| 第三章 |

與年邁的雙親建立良好的關係

子女無法讓父母幸福

就算是一直很健康的雙親，也有一天會無法自理生活。我一直以為父親可以好好照顧自己，沒想到他連信用卡都忘了該怎麼用，還出了車禍，讓我很擔心，於是去探望長期獨居的父親。

那一天，父親從房間走出來時，表情十分苦惱，整個人瘦了一圈。前一陣子明明還很有精神，不知道什麼時候竟變得如此虛弱，我應該更早來看他才是。雖然我也懊惱過，要是我住在附近，或許就能及早發現父親生病了，但其實就算住在一起，也不見得會發現。而任何行動都是發現後才會開始，後悔做不到的事情，一點意義也沒有。

照護父親讓我領悟到，子女不能帶給父母幸福。**人生，無論什麼時候，都無法帶給他人幸福，也無法透過別人獲得幸福。**

比如生養子女之後，父母總是希望自己能讓兒女幸福，這份期許並沒有錯，但事實上父母是無能為力的，兒女必須依靠自己的力量生存。孩子還小的時候，當然需要雙親的協助，但是他們往往在父母不知不覺間，便能自立了。

如果子女要求父母援助，父母所能做的也只是回應他們的需求，實際上能幫助兒女的並不多，畢竟雙親無法代替子女而活。

又比如年輕人結婚時，總會告訴對方「我要讓你幸福」，但婚姻中的幸福，要靠一起生活的兩個人，攜手同心、互相協助才能得到。我們無法單方面讓配偶幸福，也無法等待配偶給我們幸福。宣稱要帶給對方幸福的人，到最後往往會抱怨，每星期都帶太太出去玩，太太居然還不滿意。

就連照護無力自理生活的雙親時，子女也無法帶給父母幸福。我的意思不是兒女無法為雙親做任何事，只是希望子女能清楚知道，自己能為父母做到什麼和做不到什麼。

就算假日應父母要求，帶他們到處去玩，父母也可能馬上就忘記，甚至抱怨子女都沒有帶自己出門。因此我認為，子女不需要思考「帶父母」去哪裡。

出門賞櫻，不是因為想讓父母看櫻花，而是自己想好好欣賞櫻花，所以邀父母同去，一起享受賞櫻的樂趣。若能做如是想，就算父母日後忘記這件事了，子女也不會感到難過。無論對方後來記不記得，此時此刻都能和父母共同快樂賞花了。

能配合父母的希望出門當然好，但子女不可能實現父母所有的心願，做不到的時候，當然可以拒絕，即使父母可能會因此不滿。

父親除了用餐時間之外，多半在睡覺，醒來時不是發呆，就是在清理毛衣上的毛球，在我看來，父親生活中沒有任何樂趣。我曾經希望父親不要只是睡覺，能過更有意義的生活，然而這不過是子女單方面的願望。

我既不能強逼父親實現我的願望，事實上看起來無所事事的父親，也不一定就是不幸。

子女必須了解自己

能為父母做什麼、

不能為父母做什麼。

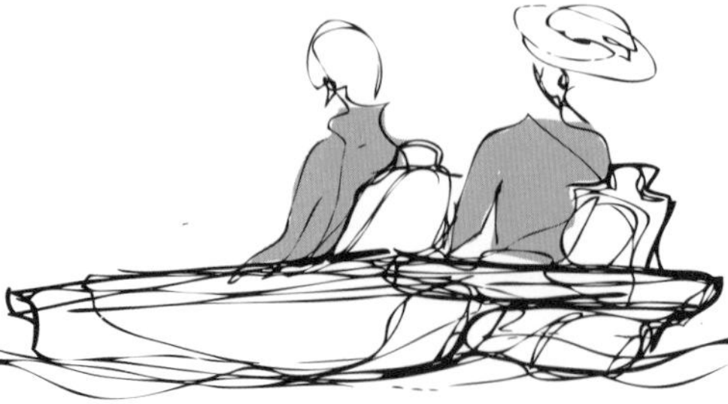

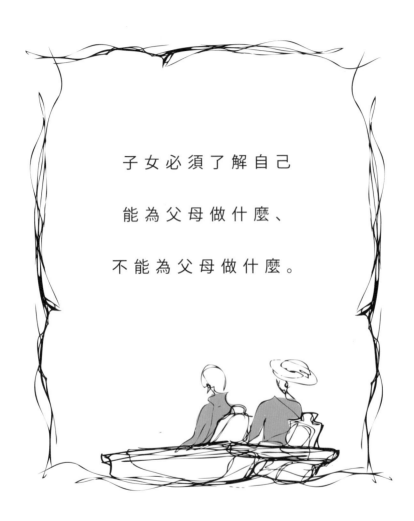

子女不要阻止父母想做的事

剛開始照護父親時，我沒意識到父親可能會做出危險的行為，直到有一天父親去院子摘柿子跌倒受傷，我才發現父親一不小心就可能會發生嚴重的意外，從此開始小心注意父親的行動。

但是如此一來，父親連原本做得到的事情也受到了限制。**如果是小孩，還能期盼今天做不到的事情，明天就能學會**。沒有小孩能不跌倒就學會走路，也沒有小孩能不受傷就學會騎腳踏車，只要不是太嚴重，父母通常不會因為子女有些皮肉傷就驚慌失措。我的意思不是說小孩受傷就沒關係，而是小孩可以從受傷中學到教訓。

但是父母今天還會做的事情，可能到了明天就不會了。看著父母現在的模樣，實在無法樂觀的認為，現在做不到的事情，等一下就能學會。父母沒有力氣復健，變得什麼都不會，固然令子女困擾，但是他們隨便行動，導致跌倒、骨折，更會是問題，結果子女總是忍不住限制父母所有可能造成危險的行動。

有時候，父親會表示想出門走走。當時我已經知道父親一走路就氣喘吁吁，一下子就走不動了，因此總會阻止他，打消他難得想走路的念頭。其實父親只是想在家附近繞一繞而已，我若阻止，他便會要求我一起出門。但真的陪父親外出散步，他又走沒幾步就想回家了。父親說「夠了」時的表情很難看，讓我不禁想，早知道就不要答應陪他散步了。

其實，**讓雙方都能接受、很愉快的作法，就是當父親說想外出時，子女不**

要多說什麼，馬上同意他的要求。了解父親的身體狀況，知道他無法走遠而事先提醒他不要勉強，並不是雞婆，但只要當事人實際走走，也會立刻發現自己上氣不接下氣。所以父親勉強自己或是做出危險的行為時，當然應該阻止，卻不應該因為過度小心而打消父親走路的念頭。

父親貧血住院時，復健十分認真，中間有休息時間，稍微休息一下之後，又馬上要求再做一次的，總是父親。

「想做」，不一定等於「能做」，兩者之間的落差便形成了「自卑」。如果做不到的事情，恰好是想做的事情，當事人心裡的壓力會更加強烈。

想要消弭「想做」和「能做」之間的差距，根本不讓他產生「想做」的念頭，的確是一個方法，但是實際執行並沒有口頭上說的如此簡單。**因為人活在世上，不能只做會做的事**，做不到卻不放棄，努力練習到會做為止，可以讓人感受到活著的喜悅。

想做什麼應該讓當事人自己決定，旁人不要以危險為理由，逼迫當事人放棄努力。無法輕鬆走路的父親想要外出散步，的確會給家人帶來麻煩，如有必要，是可以限制父親的行動，然而另一方面，**人一旦失去欲求，做不到的事情會變得越來越多**，到時候旁人再如何鼓勵，也很難讓當事人願意活動身體。

為了避免父母日益退化消沉，子女應該適時陪伴在父母身邊，防範他們遭遇危險，而不是從一開始便打消他們行動的念頭。

明知做不到，

還是努力嘗試去做的過程，

能讓人感受到

活著的喜悅。

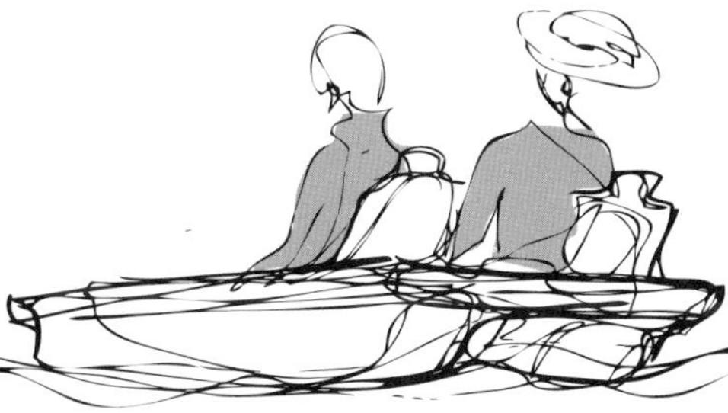

不要期待對方說「謝謝」

當我照護罹患失智症的父親時，父親會不期然的對我說「謝謝」，例如端上準備好的午餐時，父親會說謝謝；等到我收餐具時，父親也會說謝謝。雖然過不了多久，父親又會問我：「還沒要吃飯嗎？」讓我非常無奈，但就跟之前提到的一樣，只要說聲「剛剛吃過了」就好。

失智的父親說「謝謝」，就跟以前一樣很自然地脫口而出，我聽了很高興，現在想想，高興的原因可能不單是如此。父親生病之後，有一陣子不再道謝，好像變了一個人。看到父親從那時不會表達感激，轉變為可以平穩地道謝，或許我因此覺得父親好像恢復到生病前的模樣，所以特別開心吧！

把父親帶回老家之前，我去探望獨居的父親，看到當時的父親緊閉心靈，一臉不悅，我覺得非常難過。儘管如此，那時的我，並不會因為父親沒有對我的付出道謝，便對父親生氣。後來父親再次學會對我說謝謝，我的確很高興，但是習以為常之後，也不會因對方沒道謝，而覺得奇怪，想說他今天怎麼什麼也沒說。

我之所以可以照護父親，是因為正好大病初癒，減少了工作量，如果像現在一樣忙碌的話，恐怕也做不到。父親由於種種原因，已經習慣長期獨居，那段期間我很少見到父親，沒想到他晚年時我可以長侍在側，我覺得自己很幸運。

我在大病之後的療養期間，因為身體的狀況無法到外地工作，例如演講等等，因此除了每週兩天去大學教課之外，我都在寫書。父親總是坐在我面前，工作進度比我一個人的時候好得多。

母親因為中風倒下時，醫院要求家屬要隨侍在側，當時也是由我擔起照護的任務，因為我是研究所學生，時間比較自由。我不明白是因為醫院無法完全照護，還是因為母親的病情已經嚴重到需要家屬隨時在醫院待命。我每天必須待在母親病床前十八個小時，根本無法上學，我擔心課業會大幅落後同學，因此把書帶去醫院念。

儘管很慶幸可以親自照護雙親，但難免會有情緒欠佳的時候。這種情緒通常會在父母將子女的付出視為理所當然，或是父母無法理解自己受到照護的時候爆發。

剛開始照護父親時，我在報紙上看到一則新聞報導，主角是一名已經五十多歲的男子，為了照護母親辭去了工作，沒想到有一天，母親看到兒子，竟開口問他：「你不用去工作嗎？」

罹患失智症的父母，就好像生活在漫天大霧之中，有時大霧會突然散去，短暫恢復清明。聽到母親的問話，男子受不了母親居然不知道自己是為了誰而辭去工作，差點發飆。這名男子發現自己幾乎情緒失控，心生恐懼，最後還是放棄了親自照護母親。

儘管子女希望雙親了解自己的付出，但雙親往往無法滿足子女的期待。

有時候我也會被父親惹毛，心情很不好，第二天不想見到父親。儘管如此，照護父母依舊讓我覺得自己很有貢獻，我想這種心情就跟我病倒時，父親覺得自己必須打起精神來是一樣的。

每次我到父親家打開門，聽到電視傳來巨大聲響，知道父親已經醒來，便能感到一陣安心。有一天，我打開門時，屋裡安靜無聲，我當下心想：「父親該不會走了吧？」醫生說過父親的狀況不好，隨時可能離開人世。我因而片刻不停地擔心父親，甚至無法工作，同時開始嚴肅思考**人只能死一次**這件事。聽起來雖然很奇怪，但我的確因為這個想法而有許多領悟。

有時候，我會打開父親寢室的門，看到父親平順地呼吸，睡得很安穩，就覺得父親光是活著便值得感激。遇到父親平常情緒化或是大發雷霆的時候，只要想到這件事，便能心平氣和的面對了。

對方生氣時自己究竟會如何反應，雖然總得等到事情真的發生了才會知道，但是父親「現在」還活著，真是太好了。

罹患失智症的雙親

如同活在漫天大霧中，

有時大霧也會突然散去，

短暫恢復清明。

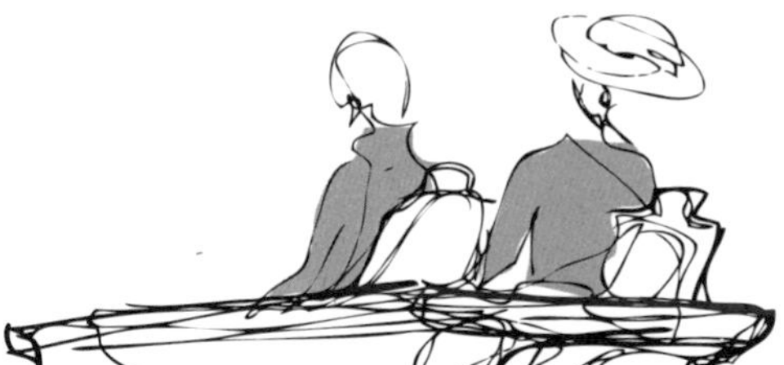

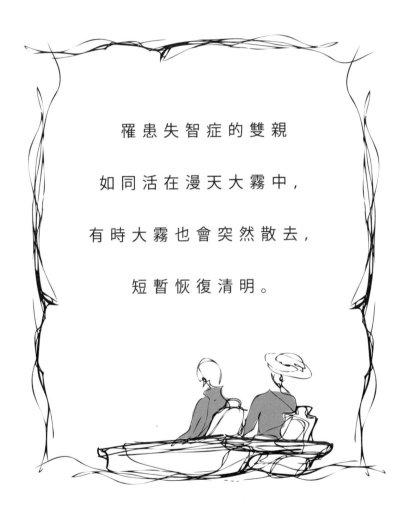

待在身邊，就是一種支持

哲學家鷲田清一曾指出，我們的社會已經忘卻「什麼也不做，只是靜靜陪在對方身旁」的力量了（鷲田清一，《咬不斷的思念》，角川學藝出版）。我讀了之後，覺得自己就是其中一人。

我會這麼想，是因為「照護」父親一整天，常常覺得自己什麼也沒做。尤其是父親睡覺的時間變長之後，我更是覺得自己什麼忙也幫不上。父親醒來時，得為父親做事，會佔去我的時間；父親睡覺時，我才能做自己的工作，理論上我應該要感激父親睡著才是。但是如此一來，我覺得我們只是待在一起，稱不上是「照護」。

就算父親醒來時，我所做的事情，也不過是準備三餐和打掃無障礙廁所，一想到自己做的事這麼少，就會覺得其他人照護如此辛苦，我是不是在偷懶？

我想起把兒子送去托兒所前的五個月，我們白天相處的情形。那時候兒子還不會走路，一開始我以為可以趁著兒子睡覺時查資料和寫論文。然而我馬上明白自己太天真了。兒子睡著時我也受到睡魔攻擊，一起睡著；常常醒來時，兒子已經餓得哇哇大哭了。

下雨天只能待在家裡，晴天時也會帶著兒子去公園走走，但是整體來說，大部份時候都沒有特別做什麼。

兒子出生之前，我曾經為了照護母親而日夜待在醫院，母親有時會有些任性的要求，令我十分煩躁。但是母親失去意識之後，我能做的只剩洗衣服和清理排泄物，其他時間都在看書，不然就是把母親的病情與護理師的處置，記錄在筆記本上。護理師都視那本筆記本為閻羅王的生死簿，覺得很可怕。

父親在四分之一個世紀後，曾經造訪母親那時住的醫院，他轉述院長的話說，院長還記得我總是在病房讀希臘文的教科書，令我十分驚訝。

如果無法認同「靜靜待在對方身邊」，也就是鷲田清一說的「被動的行為」具有意義，便會覺得每天的照護工作十分辛苦。我和父親在一起時，絕不是什麼也沒做，父親醒來時我有很多事要忙，**就算是父親睡著了或在發呆，我也不是什麼都沒做**。靜靜陪在身旁就有意義，就是一種貢獻。

等到我自己生病住院時，才終於發現有人靜靜陪在身邊，多麼令人感激。我從加護病房轉到普通病房，即表示病情惡化的可能性降低，也不會陷入危急的狀態，即使是這樣，還是有人陪在身邊比較安心。

父親發呆眺望窗外時，我不過是在同一張桌子上工作。父親睡著之後，我更沒事做了。

有一天，我對父親說：「既然你整天都在睡覺，我就不用過來了吧！」父親的回答出乎我的意料：「沒這回事，有你在，我才能安心入睡。」

我出院之後，白天一個人在家，有時會突然變得十分不安，因此非常了解父親話中的意思。我們會覺得靜靜陪在身旁沒有意義，有一部份的原因是，社會只以生產力來評斷一件事的價值。

有你在，

我才能安心入睡。

不需要勉強父母想起過去

在旁人看來，失智症患者的記憶很有問題，然而我認為，只要不會造成危險，不需要刻意糾正或是強迫對方想起來。

我聽過有人拿出照片，來說服忘記另一半已經過世的母親。聽到父親說不記得母親令我痛苦，因為這就好像我和雙親一同生活過的人生，也一併消失了。父親回到現在的家時，我告訴父親我曾經和妹妹住在這裡；母親過世之後，父親、妻子與我三個人也曾經一起住在這裡，但是父親卻說他都不記得了。

發現父親忘記往事而覺得難過，是我的問題，和父親並沒有關係。父親如果忘記了母親或任何我認為很重要的事情，那是因為父親「現在」不需要想起來。

哲學家鶴見俊輔將「老化」視為過濾器，他說：「我相信經過老化過濾之後，留在心裡的記憶。」（〈老化帖〉，《鶴見俊輔　永遠的新思想家》，河出書房新社）

因為某些理由而忘記，又因為某些理由而記得，周遭的人也必須相信當事人自己的選擇。

父母可能因為某個契機而想起原本遺忘了的過去，就算回憶可能使父母感到痛苦，子女也無法阻止。

但是子女拿出照片給父母看，強迫父母想起來，只會讓父母心煩意亂。**必須遭受強迫才能想起的回憶，就表示當下已經不需要了，即使回想起來，馬上也會忘記。**但是被強迫回想的不悅感覺，卻會殘留在心裡。

子女希望父母記得的事情，父母往往一下子就忘了，但有些事情卻又不斷說了又說。這些被反覆訴說的內容，就是父母認為重要的事情，子女應該要仔細聆聽。不過，反覆聆聽一樣的內容很累人，所以需要一點訣竅。

擔任精神科醫師的朋友告訴我，他的祖母常常在對話中問他：「我剛剛是不是說過了？」他總是回答：「我之前就聽過了，但是奶奶說的話，不管聽幾次，我都覺得很有趣。」正因為他喜歡聆聽，所以很適合當精神科醫師吧！

其實，只要仔細聆聽就可以發現，父母說的內容不會每一次都一模一樣。**即使事件相同，但每一次的重點都會有些差異，比如某些細節被省略或者增補**

了。

如果子女用研究的精神，仔細分析父母每次說的內容是否字字句句都相同，就會覺得很有樂趣。**否則就會覺得父母又要講一樣的事情，真難以忍受。**

之前提過，父親常常提起戰爭時曾經被機關槍近距離掃射，後來話題終於轉移到「舊家」的往事。所謂的「舊家」，是父親結婚之前住的地方，父親細細告訴我舊家和附近的模樣，現在家裡還留著父親和母親在舊家用火爐烘手取暖的照片。我單單看到自己出生之前父母神情愉快的照片，便覺得很幸福。

因為叔公家繼承香火的兒子過世了，所以父親後來成為叔公的養子。不過，在此之前是姑姑去叔公家當養女，「養母個性很嚴苛，妹妹和她處不來，因此換我去叔叔家當養子。我是男人，白天都在外面工作，所以沒關係。」

父親回憶舊家往事時，並未提到婚後母親經常遭到祖母指責，重點也不是父親去當養子，和養父母關係不佳，而是父親下定決心去當養子，以拯救姑姑，並努力改善與養父母的關係。

這是父親美好時代的回憶。我覺得可能的話，父親甚至想回到那個時代。父親回憶起自我肯定的過去，表示回憶的當下父親並不痛苦。否則他想起來的，應該也是過去的不愉快。

因此，我認為父親想起舊家，表示父親現在過得很平靜，我十分高興。就算父親沒有想起母親，關於舊家的回憶當中，一定也包含了與母親的快樂往事。

老化是過濾器。

因為某些理由而忘記，

又因為某些理由而記得。

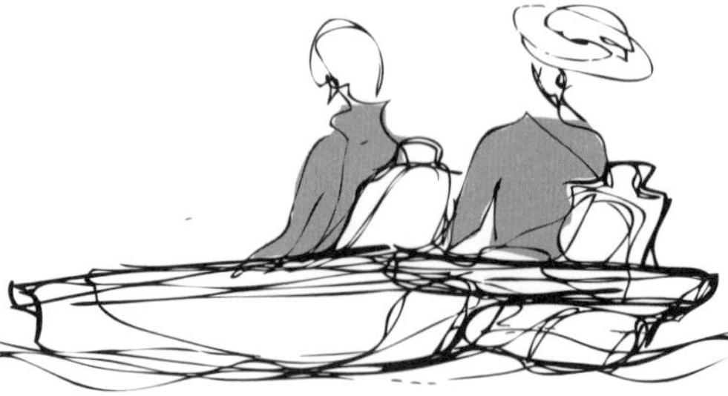

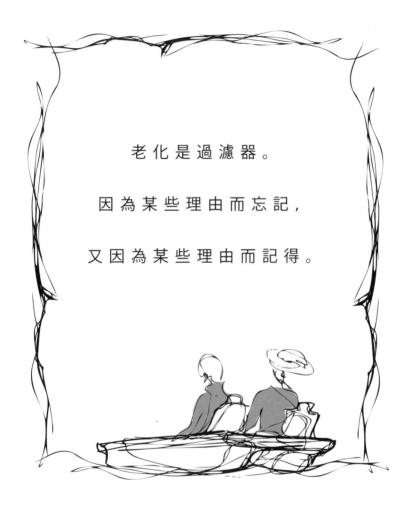

不需要對父母激動

負責照護父母的家人，因為父母的行為而煩躁或憤怒時，情緒的背後其實隱含了某種目的，真正的起因並不是父母的行動。

想要阻止父母做某些事的時候，我們常常情緒激動的對父母大小聲。就和帶孩子一樣，父母常用大吼大叫讓孩子做什麼或不做什麼。

可惜的是，這種做法大多只會引起孩子的反感。孩子當下也許會聽從父母的命令，但是並非心甘情願，只是被強迫而勉強服從。憤怒，也許馬上就有效果，但子女卻會不斷嘗試反抗，結果就是子女每天重複同樣的行為，父母也不斷責罵。責罵看似立即見效，卻不是真正治本的手段。

子女對父母也是一樣。**父母被罵之後看起來是放棄了，其實是在尋找反抗的機會**，子女對著老邁的雙親發怒，便是展開了與父母的權力鬥爭。

子女或許也覺得對父母動怒並非好事，卻又認為這樣可以改變父母的行為。長大成人的子女會想勝過父母，一點小事都能成為權力鬥爭的開端，只要能吵架，什麼理由都無所謂。

負責照護父母的家屬，由於每天繞著他們轉，身心都疲倦不堪。我不曾大聲責罵子女，反而面對父親總會忍不住大小聲。這種時候我的心跳一定加快，血壓也絕對上升，甚至回到家之後還無法恢復，曾經因此隔天請妻子代替我去照護父親。

我對父親的情緒，起因雖然是父親的行為，實際上卻是另有目的。第一個是剛剛提到的，**想依照自己的想法支配父母**。但是父親不會因為我的責罵而退縮，還是持續相同的行為，而且不管我們吵得多凶，過了幾分鐘之後父親又忘了。

我的憤怒，還有另一個目的。

雖然我不覺得自己是逞強在照護父親，但是我不分寒暑，中元節和新年時都不曾休息，因為我必須準備父親的三餐，我若不去，父親便沒有飯吃，所以無論我多麼疲倦、有什麼事，每天都一定得去看看他。

可能因為如此，我總是神經緊繃，甚至不容許自己感冒。當我想要休息時，便需要讓所有人覺得我的確有正當理由。這個所謂的正當理由便是「憤怒」，儘管我不是每次吵架都會氣到不想再看到父親的臉，但為了說服大家我真的不能去父親家，我必須表現得十分憤怒。也就是說，**我的憤怒不是起因於父親的各種行**

為，而是為了說服自己。

我的行為對父親而言就是找茬。如果我希望有人替手，其實不需要把父親扯進來，只要老實向人求援，說「今天我很累，拜託你代替我去」就好。

當然不是我開口，對方就一定會幫我，但至少我應該平心靜氣的試著去拜託。就算大發雷霆，搞得自己心跳加快，血壓上升，對方如果不願意幫忙，還是沒辦法。

子女想佔上風，

就會從小事開始

與父母爭奪權力。

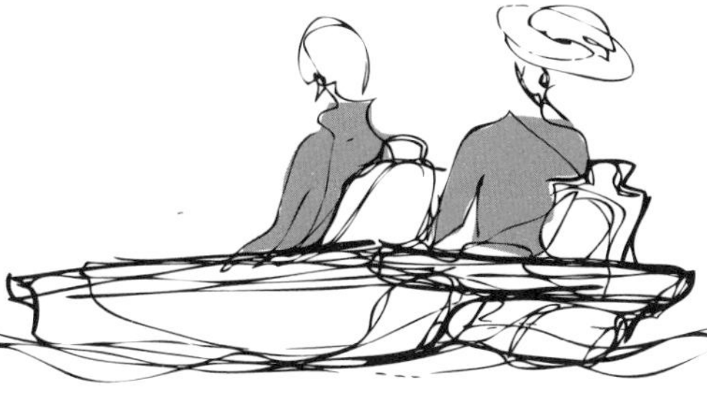

與父母爭執，不會改變與父母的關係

父母忘記剛剛用過餐時，做子女的儘管能做到不責備父母，卻往往無法擺脫強迫父母承認已經用過餐的習慣。我以為吃飽肚子就會撐，不會想再吃，護理師卻告訴我，父親的飽足中樞可能也已經衰退了。

我年輕的時候，每星期都會去大阪參加讀書會。讀書會的老師和母親同住，大家讀書時，老師的母親常常走到客廳來問：「我吃過飯了嗎？」師母總是笑瞇瞇地回答她：「已經吃過了喔！」當時我從未思考過照護雙親的事，看到師母的反應很是驚訝。等到我自己開始照護，才明白這件事情有多困難。

四分之一個世紀之後，我在自己出生長大、婚後和父親暫時同住的老家，舉辦了好幾年的讀書會。但是父親回到老家之後，讀書會面臨存亡危機，最後得到參加者的理解和協助，才得以繼續舉辦。

父親就睡在讀書會隔壁的房間，讀書會進行時，父親感受到客人的動靜，有時會走出來看看狀況。每次看到這麼多客人，父親總會嚇一跳，然後跟大家打個招呼，打完招呼又回去睡覺。然而一覺醒來之後，父親又和稍早之前一樣吃驚，然後再一次跟大家打招呼。

參加讀書會的人從未對這件事表示驚訝，反而溫柔接納罹患失智症的父親，我看了非常高興。遇到孩子哭鬧，如果只有自己一個人在場，往往也會跟著抓狂，但如果是和別人在一起，容忍度就會大幅提高。照護父母也一樣，平常和父親獨處時，我總是神經緊繃，然而當陪伴的人增加時，便覺得和父親在一起沒什麼。

領悟到這件事之後我便決定，和父親獨處時，只要沒有什麼大問題，我都要保持冷靜，不要讓他的一舉一動左右心情，就算父親忘記吃過飯和反覆向大家打招呼也一樣，因為這些舉動並不會對別人或他自己造成危險。

育兒也是一樣，心態認真和心情沉重是兩碼子事。照護雙親一定得心態認真，卻不需要心情沉重。就拿預防父母受傷這一點來看，照護行動需要協助的父母，時時刻刻都得小心注意才行，一定得非常認真。

但是照護者不需要為了強調照護很辛苦，而皺起眉頭、大聲嘆氣。照護者表現出辛苦的姿態，有一個理由是希望受到照護的父母，能了解照護究竟有多辛苦。但是就拿我父親來說，他根本無法理解。**為了照護而和父母起衝突或是心生煩惱，對於親子關係一點意義也沒有。**

另一個理由，則是希望本來應該和自己一樣辛苦照護父母，卻沒有貢獻的兄弟姊妹，了解照護究竟有多辛苦。

照護當然辛苦，但是不需要刻意表現出辛苦的姿態，好讓其他人知道。如果希望對方了解自己的辛苦而伸出援手、提供協助，這麼做不見得能達到目的；要是結果不如預期，就更難以保持平穩的心境了。換句話說，**希望別人幫忙，直接開口要求就好了**。當然也要理解，就算開口要求，對方也不一定會幫忙。

向他人炫耀照護的辛苦，表示照護者是心情沉重多於心態認真。

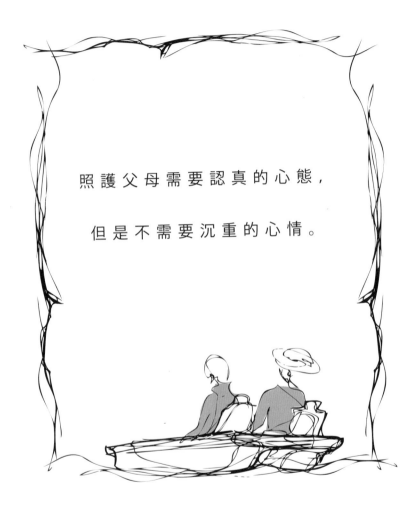

照護父母需要認真的心態，

但是不需要沉重的心情。

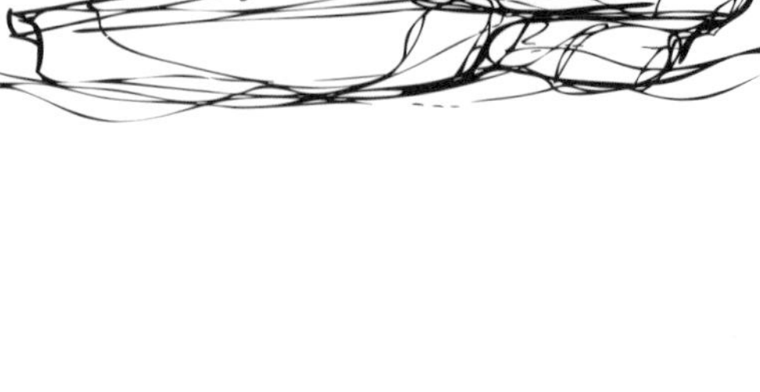

放棄爭權，並非「認輸」

父親晚年成為某宗教的虔誠信徒。父親信教沒有問題，問題在於他對我說：「我信教，就等於身為長男的你也信教一樣。」平常總是努力保持冷靜的我，聽到這句話不由得怒火中燒，大聲告訴父親：「不要干涉我的人生。」

話才說到一半，我便為了自己的情緒化而感到不好意思，因此改口說：「這種說法很像在強迫我，我不是很喜歡。」讓人意外的是，父親聽到我的回應，竟然向我道歉：「不好意思，我表達的方式不好。」

父親接著提到，剛和母親結婚時，兩人曾經接觸許多新宗教，我是第一次聽到父親提起這些往事。父親成為叔公的養子之後，和母親結婚，由於和養父母處得不好，日子很辛苦。母親是十分理性的人，我一直以為她和宗教無緣，聽到父親的話，讓我覺得很意外。

但是父親並未因此而氣餒，繼續熱烈地勸我信教。如果是陌生人，我可以很輕鬆就拒絕，但是自己的父親，只能每天聽他傳教，實在非常痛苦。

我不知該如何是好，找朋友商量，沒想到朋友的回答大出我意料之外：「你就為父親信教吧！」

事情並沒有這麼簡單。但是我知道朋友是在建議我，不要再和父親權力鬥爭了。儘管心情平靜無波，但覺得「自己對而對方錯」，便已經陷入了親子間的角力，而解決權力鬥爭只有一個方法，那就是放棄鬥爭。

於是，有一天我下定決心對父親說：「我可以跟你去一次你的會所嗎？」父親聽了當然喜出望外。

我並不打算信教，只是覺得自己無論是反對還是贊成，總應該先了解再說。理解不等於贊成，理解之後也可能反對，但是不理解便無法反對，所以我覺得和父親去一次會所也好。

從結論來說，我還是讓父親失望了。雖然我也曾經想過，或許應該打從一開始便堅定拒絕，然而我知道這麼做一定會徹底影響我們的關係，所以說不出口。我很清楚自己不會接受父親的傳教而信教，然而父親顯然不被全家人了解，遭到孤立了。我想，透過和父親一起出門與談話，好歹可以接近父親一點。

我忘記為何會和父親聊到這個話題，但是有一天和父親出門時，父親看到我演講的宣傳單，對我說：「你的工作是在幫助別人，要好好加油啊！」

我並不覺得自己的工作是在幫助別人，但是父親的話，顯示他當時是以信徒的身分關心別人的幸福。

開始照護父親之後，我每天早上都到父親家，父親大多數的時間都在睡覺，所以我便利用這些時間寫書稿。

父親每天吃完早餐便回去睡覺，到中午才醒來。有一天，父親在午餐時間之前便醒了過來，問我：「午飯還沒做好嗎？」我回答：「現在是十一點四十五分，可以再等我十五分鐘嗎？」父親聽了，頓時暴跳如雷。

寫稿子是我的日常工作，當時我正巧整理好想法，想要趕快寫下來以免忘記，所以才會請父親等一下。

但是父親卻絲毫不理解、體諒我的想法，反而批評我：「你這傢伙老是拘泥於一些微不足道的小事。」

我必須工作，父親又多半睡到中午才起床，我以為請父親等一下無妨。其實這種時候最不浪費精力的做法，就是順從父親的要求，馬上起身準備午餐。如果讓父親按照我的想法等一等，卻搞得雙方很不愉快，反而沒有意義。

這時候我可以很生氣，然而**如果想要和父親打好關係，最好放棄大多數的抗爭。就算感情不會因此變好，至少不會白白浪費力氣。**

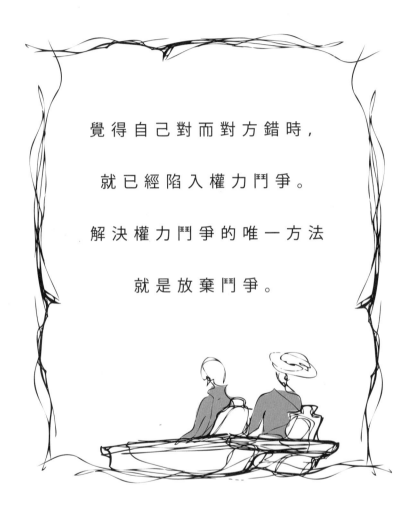

覺得自己對而對方錯時，

就已經陷入權力鬥爭。

解決權力鬥爭的唯一方法

就是放棄鬥爭。

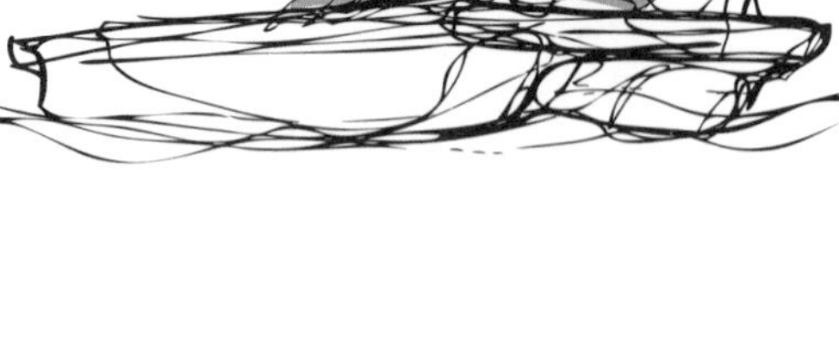

認為對方的「動機純良」，便能改變人生的看法

母親過世之後，家裡就剩父親和我一起生活。我們光是待在同一個空間，氣氛都會變得很緊張，以往都是靠母親居中緩衝，雖然我能預料到母親去世後會出現這樣的情形，實際相處起來還是很辛苦。

當時我才二十五歲。說來不好意思，當年的我完全不會做飯，父親也一樣，我們因而老是外食，吃遍了住家附近所有的餐廳，最後也都膩了。

有一天，父親突然說：「一定要有人做飯才行。」那句「有人」，很明顯不包

括他自己，那當然就只剩下我了，這就是我做菜的開端。做菜可以對家人（雖然當時只有父親一人）有所貢獻，雖然一開始我什麼也不懂，卻覺得做菜比我想像的有趣，於是我每天都很認真的做菜。

我當然也想到買食譜，我沒請教任何人，就買了一本《男人的料理》。可是當我想照書裡的食譜做菜時，卻買不到要用的食材；肚子餓想要馬上煮來吃時，食譜卻說要燉上兩天，實在說不上是本實用的書。

儘管如此，有一天我還是參考這本食譜，決定來做咖哩飯。食譜說要先炒麵粉製作咖哩醬，現在的我絕不會做這種傻事，但當時我缺乏做菜經驗，以為咖哩就一定要這麼煮。因為必須用小火慢慢炒以免燒焦，我在平底鍋前一連站了三個小時才完成。

父親回家吃了之後說：「以後不要再煮了。」我以為父親是嫌我煮的咖哩飯難吃。想到花了那麼多時間卻只得到父親這句話，實在讓我非常沮喪，甚至還想，以後再也不要幫父親做飯了。

但是十年之後，我明白了父親那句話並不是我所想的意思。我以為父親的「以後不要再煮了」是嫌咖哩飯難吃，其實是我鑽牛角尖的結果。

之所以會發現，是因為朋友聽我描述這件往事，問我是什麼時候發生的事情。母親在我進研究所那年病倒，同一年課程結束時過世，煮咖哩飯是母親過世後的隔年。聽完說明的朋友告訴我，父親不是因為覺得難吃而叫我不要再煮。

朋友解釋後，我才恍然大悟，原來父親是認為我還是學生，讀書才是我的工作，如果為了煮飯必須耗費三小時，那就「不要煮了」。

父親總是批評我的生活方式，他看到我研究所畢業之後，一直沒有找工作的意思，便問我到底有什麼打算，我因此對老愛說教的父親能躲就躲。但是自從我用不同的角度去理解「以後不要再煮了」這句話，我對父親的看法明顯改變，和父親的關係也因而改善。

但是，這只是改變我與父親關係的契機，我們父子的關係可以改善，並非僅基於單一事件，而是因為從此我可以從不同的角度解讀父親的話，不知不覺間，雙方關係就和以往不同了。

如果想和他人建立良好的關係，不能拘泥在對方表面的言行舉止，而要努力看懂背後的良好立意。另一方面，自己也必須努力把話說清楚講明白，以免對方誤會。雖然無論如何表達都可能被誤解，但最重要的是為了避免誤會所付出的心力。

妹妹知道了以後，去問父親是否記得這件往事。雖然我記憶猶新，但父親已完全不記得了。因為語言造成的不愉快，覺得受傷的一方往往無法釋懷，而說的人卻早忘得一乾二淨了。

也說不定父親根本沒有說過「以後不要再煮了」這句話，而我記憶中一直存在這件事情，是因為我不想和父親建立良好的關係，為了達成這個目的，我的記憶也會造假。

無論如何表達

都可能遭人誤會，

還是要持續努力

以免遭人誤會。

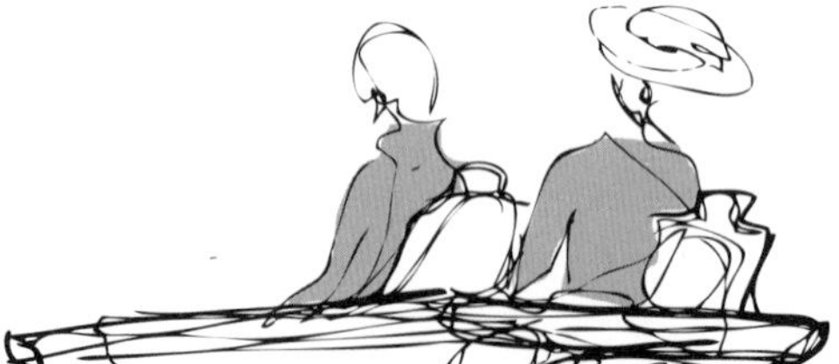

發現行為背後的心聲，便能改善親子關係

有一天，父親突然跟我說：「我想試試你在做的那個心理諮商。」從專業立場來看，家人之間因為有著利害關係，幫家人做心理諮商難度很高，所以我從沒想過要幫父親做心理諮商。

以前，太太來跟我商量孩子的事時，一開始，我們就像一般的諮商，太太冷靜的敘述，我也冷靜的傾聽。然而話說到一半，太太總會突然冒出一句：「可是你也是孩子的爸爸啊！」

這句話像咒語，讓我從專業的心理諮商師瞬間變成人父與人夫，無論我接下來提出多麼合理的建議，聽起來都像是對自己有利的藉口。

因為有過這樣的經驗，父親說希望由我來幫他做心理諮商時，我實在很頭痛。不過，當時我已經發現自己和父親的關係，跟以前不一樣了，年輕時我只要和父親待在同一個空間，氣氛就會變得很緊張。如果只是想法不同，還可以透過溝通促進彼此的了解，但我和父親之間是說了也沒用，根本無法溝通，因此我只會靜靜等待父親如同暴風的怒火熄滅。

我不確定父親的心境出現了什麼變化，但是我也找不到理由拒絕父親的期待。當時父親一個人住，我們約好每個月諮商一次，在位於我們住處中間的京都車站見面，吃過飯後，一邊喝咖啡一邊進行，每次約兩個小時。

那段時間我們談了很多，我印象最深刻的，是父親終於說出他決定住在妹妹家附近的理由。父親從公司退休後，轉到橫濱的相關企業工作，一個人在橫濱住了十年，直到後來也離開相關企業，其間我只探望過父親一次。

母親在我研究所第二年的一月過世，我在同年的六月結婚，婚後與父親同住。到了十月父親突然說要去橫濱時，我大吃一驚。我們夫妻的生活步調和父親差異甚大，我想父親的決定也許是因為無法和我們一起生活。

十年後，父親要搬離橫濱時，我以為父親會回來跟我一起住，但是父親竟然說要在妹妹家附近租房子。他說，如果同居，會忍不住凡事都依賴妹妹，所以只有晚餐一起吃，基本上還是一個人住。

我想父親大概很討厭我吧！對我來說，畢竟分開了十年，新婚同居時的壓迫感已經淡去許多，雖然以往同住的經驗並不算愉快，我還是為了父親竟然決定住在妹妹家附近而惆悵不已。

結果，真相在我為父親做心理諮商時水落石出！原來那一陣子妹妹因為生病而身體虛弱，父親心想住在妹妹家附近，說不定可以幫上妹妹的忙，所以才做出這個決定，而不像我以為的是因為他很討厭我。

父親心理諮商時，有時會提到妹妹。我想起妹妹曾告訴我，父親雖然每天到她家吃晚餐，卻不太和孫子交談，而且一吃完晚飯就馬上回家。所以我開始居中協調父親與妹妹的關係，我曾想過要是轉述父親的話讓妹妹知道，兩人之間的關係可能會截然不同，但是我也明白做父母的，通常很難坦率說出心聲。

「我想接受你的心理諮商。」

透過心理諮商，

了解父親鮮少說出口的心聲。

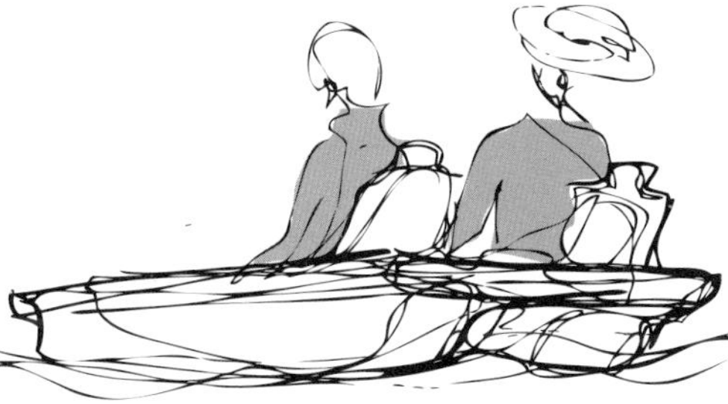

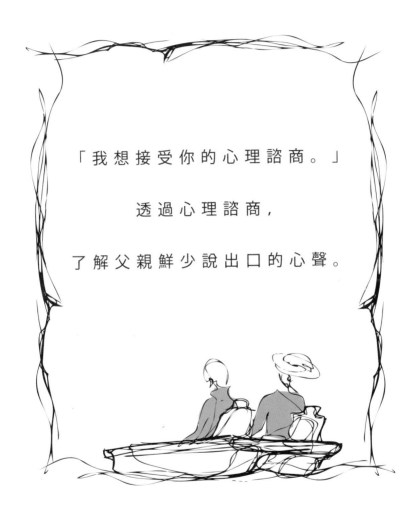

人人都戴著角色的「面具」

我曾經在精神科診所兼職，那裡的患者大多數罹患思覺失調症，我負責診所的日間照護，所有病患每星期有一天會聚在一起做菜，那天正好是我去診所的日子。

大家一起做菜，是協助患者回到正常社會的方法。早上先問有沒有人要去買菜，病患合計約五十人，裡面會有幾個人表示願意去買菜。負責買菜的人帶著計算機，在附近的超級市場採購最便宜的食材，再回到診所開始做菜。做菜時大約會有十五個人幫忙，煮好之前，其他人只要躺著等待餐點。

這裡不會有人說沒勞動的人不准吃飯。大家都很明白，自己今天負責做菜，自己明天也許就會因為不舒服而無法幫忙，所以願意趁著今天身體狀況好而多出一點力。診所裡沒有人會抱怨不去買東西、也不幫忙料理的人，我認為這才是健全的社會。

這間診所的員工不穿白袍。一般來說，醫護人員之所以穿白袍，目的是要讓患者知道自己是醫護人員。

失智症患者經常陷入妄想，以為自己的東西被人偷走或是藏起來，大部份的患者都會認為犯人是負責照護他們的媳婦，有時候則是居家訪視的護理師。我曾經問過來訪視父親的護理師：「護理師也會成為懷疑對象嗎？」「會，但是懷疑護理師會比懷疑家人好。」「您不怕被懷疑嗎？」「穿著白袍時就沒問題。」

穿著白袍時，護理師了解自己的身份是醫護人員，不論發生什麼狀況，都可以打起精神面對患者；同時也能向他人明確表示自己是醫護人員。但是家人無法穿著白袍，遭到懷疑也無處可逃。

我第一次到診所去擔任日間照護人員時，一位患者走近我：「我沒見過你耶。」「對啊，我是第一次來。」「原來如此，我想你也知道這個病絕不能心急，要慢慢的、徹底的把它治好。」

因為那時我沒有穿白袍，對方以為我也是患者，另一方面也意味著，我沒有戴著醫護人員的面具。

我們總是戴著面具生活，英文「person」源自拉丁文的「persona」，是面具的意思。當人戴上「父母」的面具時，便會擺出父母的姿態和子女相處，反之，子女也是這樣。

只要戴著特定的面具，便無法轉換成其他身份或關係。醫護人員穿上白袍可以明確彰顯身份，但也因此無法站在朋友或是其他角色的立場，與病患相處。

家人之間也是一樣的道理。當父母戴上父母的面具時，子女也無法拿下子女的面具。原本高高興興聊著天的子女，只要一聽到父母說教，就會覺得自己還是閉上嘴巴比較好，因為父母總是不肯聽到最後，便插嘴批評，所以子女當然會認為，父母絕對不會好好聽自己傾訴。但如果把子女當作朋友，便不會覺得自己一定要說教。

和父母相處時也是一樣。**如果不戴上子女的面具，就能站在普通人的立場聽父母說話，就算父母說錯，也不會認為一定要糾正**。用不一樣的角度，說不定還會覺得父母說話很有趣。

父親虔誠信教時，如果我只用一句「宗教就是迷信」草草帶過，溝通便會畫下句號。其實，即使後來父親的病情持續惡化，連說話都失去條理，我還是可以理解或是努力去理解。意見相左時，只要表達我理解，但是不贊成的立場就好。

如果父親還是選擇無視我的意見，我甚至可以改站在朋友的立場協助父親。

如果無法摘下面具，至少可以換上朋友的面具。**親子相處時，父母或子女其中一方，最好是雙方，都能戴上朋友的面具，說話方式也會因而改變。**

如果眼前的人是我重要的朋友，我就會知道該如何對話與聆聽。我不會干涉對方的決定，也不會冷漠地拋下對方說：「這不關我的事，是你自己的功課。」

面對父母時，

我們可以以「人」的身份，

而非「子女」的身份

聽對方說話。

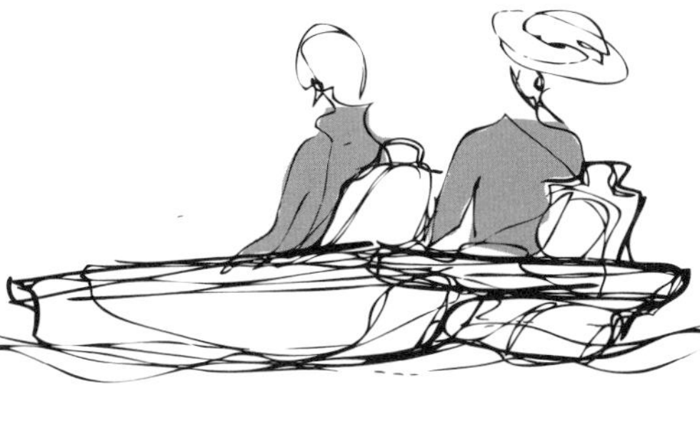

子女無法報答雙親的付出

學生時代，我每星期都會去關西醫科大學森進一老師家，參加他舉辦的古典希臘文讀書會，參加者除了醫學院的學生、醫師之外，還有像我一樣，來自其他學校的大學生和研究生。

有一天跟父親聊到我正在學希臘文，父親問我：「一個月學費多少？」我回答：「老師沒有提到學費的事，我想應該不用錢吧！」父親聽了大發雷霆：「世上哪有那麼好的事？你現在馬上打電話問老師多少錢。」其實不用父親說，我也很驚訝世上竟然有人付出不求回報，正不知道該如何是好。

我依言打電話給老師，他只回答：「如果以後有其他人想學希臘文，就換你教他了。」因此，後來我不但收了好幾個希臘文與拉丁文的學生，甚至還在大學教授希臘文。

後來我在照護父親時，回想起這段往事。年邁的父母需要子女照護，並不代表子女因此就能回報父母的養育之恩。就算父親說：「當初把你養大，現在該輪到你來照護我了。」我也不知道自己能否滿足父親的期盼、依照他期待的方式照護他。我想應該是做不到吧！**就算我能做到完美的照護，這點微不足道的小事，也無法報答父母為我付出的一切。**

站在為人父母的立場，我並不期待子女能夠報答我的付出；不過又有多少父母在育兒階段，就想到日後有需要時，希望子女也能照護自己呢？

儘管用心照護也無法報答父母的恩情，但父母需要照護時，子女不可能什麼也不做。然而就算一心想要把父母照護得更好，或是不斷思考該如何照護父母，在**該做的事、想做的事和能做的事之間，子女真的做得到的，還是只有能做的事**。如果無法明確區分做得到和做不到的事，恐怕很難持續彷彿看不見終點的照護。

我因為生病休養的關係，減少工作量，得以在父親人生的最後階段照護了他兩年（當然，我並不覺得自己有做到父親滿意的程度）；母親病倒時，我也住在醫院照護了母親三個月，然而我還來不及報答母親，母親便早早告別人世了。

儘管子女無法直接報答父母，卻可以把父母的付出傳承給下一代；沒有下一代，也能對社會付出。

人生在世，無法一個人生存，必須和他人有所連結。和我有連結的人，又和其他人有連結。在人與人的連結之中，我可以獲得，也能給予。

對方接受我的付出，不見得會直接回報我。我的付出最後有可能輾轉回到我手上，也有可能永遠不會獲得任何回報，我想恐怕是沒有回報的機率高一點吧！然而，我們不能因為沒有回報，就什麼也不做，還是要做自己能為其他人做到的事情，而且不需要期待回報。

我們在人際關係只能付出，甚至連口頭的感謝都無須期待。

在人與人的連結之中，

我可以獲得，也能給予

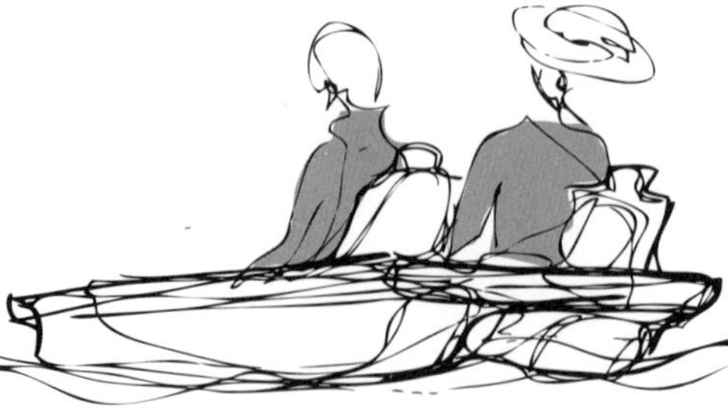

持續「當下、眼前」做得到的事，不要放棄

父親家的扶桑花，到了夏天便會盛開；然後隨著季節變換，漸漸不再長出新的花苞，最終不再開花。每到花朵盛開的時節，父親總會滿臉笑容的告訴我：「你看，扶桑花又開了喔！」某日吃過早餐、睡完回籠覺後，父親看到盛開的扶桑花，對我說：「這朵花昨天就開了。」

其實這朵花是今天早上開的，父親因為睡了一覺，以為已經到了第二天，所以才誤會。花到底是哪天開的並不重要，就算子女因為父母說錯了，而感到驚訝、困惑、失望或悲傷，強迫父母承認錯誤或糾正他們的錯誤，也沒有意義。

我反而很訝異，父親居然還有明確的「昨天」的概念，沒想到在他的認知中，時間不只是模糊的「現在」與「過去」，而且看起來，他也不是完全忘記了過去，至少他還記得扶桑花曾經盛開。

父母忘記過去，不知道今夕是何夕，代表父母正活在自己的世界裡。那裡流逝的，是父母獨自的時間，與現實世界並無關連。子女雖然想將父母拉回與現實時間共通的世界，但對於已經不再需要工作的父母而言，回答不出「今天是幾年幾月幾日」等問題，也不會給任何人添麻煩。

罹患失智症的父母，彷彿自由翱翔於時空當中。**子女唯一能做的，不是將父母拉回時間共通的社會，而是要走進父母獨自的世界當中。**就算那個世界難以理解，為人子女者也只能全力以赴。批判父母活在獨自時間中是錯誤的或奇怪的，他們的失智症也不會因而改善。

我曾經動過冠狀動脈繞道手術，手術後一清醒，馬上就拆除了人工呼吸器。原本打了全身麻醉的我，好像瞬間從自己的世界，或者可說是沒有時間的世界，被迫回到由共通時間軸所支配的世界。施打肌肉鬆弛劑和手術中心臟停止跳動時，我距離死亡只有一線之隔，當下明明很害怕，醒來時卻覺得難得做了一場好夢，竟然被鬧鐘吵醒而悵然若失。

夏天結束後，父親期盼的扶桑花就不會再開花。儘管如此，我們還是會持續澆水，直到下一個夏天來臨，我會再發現新的花苞，隨著天氣愈來愈炎熱，花苞一天天長大，很快又會開花；到了秋天，花苞生長速度趨緩，最後就不長了。不過，**只要不放棄持續澆水，終有一天，花朵又會盛開。**

仔細一看，就能發現樹上還有很多小花苞。就算今天盛開的花朵枯萎了，明天我還是會繼續照顧。但是我不是因為花朵一定還會盛開，所以才願意如此；就算花朵再也不開了，我也不會放棄。

我發現照顧花草和照護父親很像。就算醫師宣告父母得了絕症，我們做子女的也不會因此放棄。照護父母時無論發生什麼事，都只能接受。**照護只有how（如何做），沒有why（為什麼），就算找到父母罹病的原因也沒有用，照護的日子依舊會降臨。**

不斷澆水，花也許會再開，也可能再也不開。我不會因為扶桑可能不會再開花了，而停止澆水；就算不知道最後會變成什麼樣子，只要還能幫它澆水，我都會一直澆下去。

畢竟誰也不知道死期什麼時候會來臨。

我們不是為了

今後一定會開花而照顧，

就算今後再也不會開花，

也不會放棄照顧。

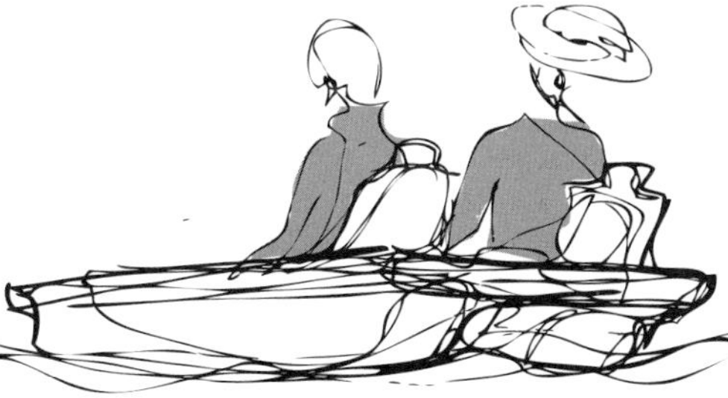

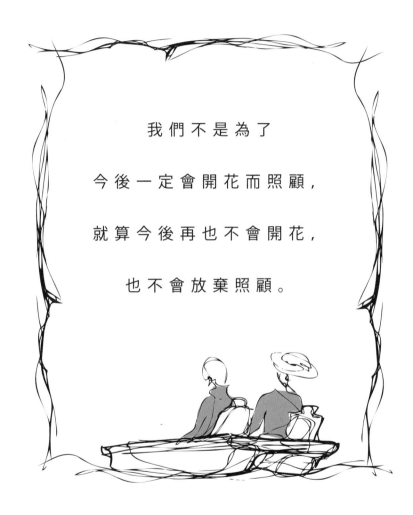

感受昨天與今日相同的喜悅

孩子還小時，父母的視線時時刻刻都得放在孩子身上。照顧小孩每天都很辛苦，渾然不覺間，一年的時間一下子就過去了。

然而，其他人並沒有看見這日積月累的辛勞，只會因為偶爾才見一面的孩子，竟然已經這麼大了，而驚呼別人家的小孩長得好快！但是面對自己的小孩，就無法產生這種感慨。不過做父母的，一定也能在自己的孩子身上看見成長的痕跡；有時也會因為孩子原本不會做的事情，居然在不知不覺中學會了，而感到萬分驚喜。

逐漸老去的父母和正在成長中的孩子正好相反，原本今天會做的事，到了明天可能就不會了。子女也不見得能像發現孩子的進步一樣，馬上注意到雙親的退化。相較於經常隨侍在側的我，偶爾才見到父親的人，通常不太會發現父親的變化。父親就算不知道自己在跟誰說話，也能配合對方聊天，因此許多人不會發現其實父親罹患了失智症。我家經常發生這種狀況──見到父親和對方談笑風生，心想果然只要見了面，還是會想起來，但等到對方一離席，父親馬上問我：「那個人是誰？」

但是，如果對方很熟悉過去的父親，就算很久沒見面，通常能馬上發現父親不對勁。例如姑丈有一天來探望父親，看到父親和以前一樣與他聊天，本來已經放下心中一塊大石頭，卻在父親送他去車站的路上，還是發現了父親有問題。

沒想到的是，後來姑丈突然過世，走得比父親還早。我打從心裡深刻體會到，真的沒有人知道人生究竟會怎樣。

照護父母和育兒一樣，要把重心放在做得到的事，而非做不到的事。雖然很難，但是這樣比較容易注意到父母原本做不到的事情，現在居然能做到了。

可惜的是，大部份的事情不但沒有進展，甚至還會迅速惡化。失智症就像掉牙齒，掉下來之前雖然搖搖晃晃，但還能維持在原本的位置，一旦掉下來之後，就再也裝不回去了。如果掉下來的，是像智齒一樣大的牙齒，周遭的人都會很驚訝；但是當事人沒有智齒，也還是能過日子。

儘管不會做的事情愈來愈多，但父母的退化是慢慢進行的。短期間來看，每天的日子並沒有太大的變化。**面對父母時，應該為了不變而高興。**

比較過去與現在，會驚訝於子女的成長，也會失望於父母的衰老。如果有好好珍惜與子女和父母共度的時間，父母衰老與病情惡化的速度，就會和自家孩子的成長一樣，好像沒那麼快了。

和父親在一起時，我常常覺得父親和其他人似乎面對著不同的方向。即使圍坐在一起吃飯，父親也無法融入大家，明明大家還在聊天說笑，父親只要睏了，就會跟平常和我單獨相處時一樣，默默地去睡了。

偶爾，父親也會留在餐桌上，和大家一起展現笑顏。這種時候，我特別能夠感受到和父親共享「當下、眼前」的快樂。父親坐的位置，可以看到窗外的樹木，有時候會有鳥兒飛來。看到栗耳短腳鵯來吸山茶花蜜時，父親總能開心大笑。這時在場的所有人都會跟著把注意力放到那裡，共享「當下、眼前」，和父親一樣開懷大笑。雖然不是時時刻刻都能有這種珍貴的感受，我還是期許自己不要錯過突然造訪的幸福瞬間。

該注意的，

不是失去哪些能力，

而是還做得到什麼。

不要錯過突然造訪的

「幸福瞬間」。

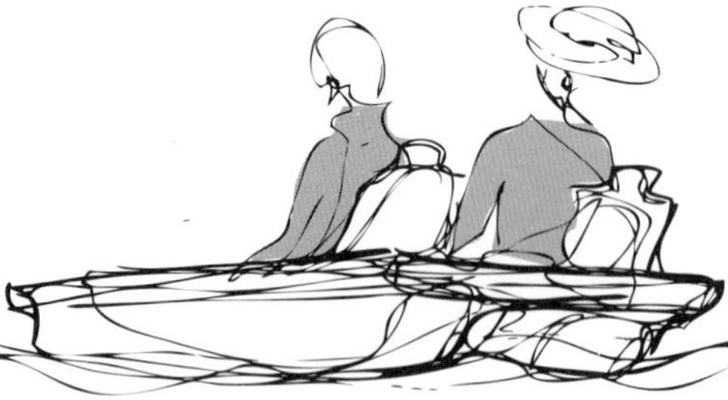

父母活著，便是對家庭有所貢獻

與年邁的父母相處時，不需要特別找出他們「做了」什麼，其實就算子女想找，可能也找不到。看到父母昨天還做得到的事情，今天卻做不到了，認為做得到才有價值，只會注意「做得到」什麼的人，會漸漸不知該對雙親說什麼才好。

但事實上，雙親並非什麼也沒做，他們活著，對家人就是一種貢獻。看起來毫無作為的雙親，只要活著，就能凝聚全家人的向心力。有時候父母過世之後，兄弟姊妹才會發現，彼此的關係其實不是太好。

兒子念小學時，有天夜裡突然對我說：「爸爸，今天謝謝你。」我不記得那天對兒子做了什麼特別的事，於是問他理由，結果兒子並非因為我做了什麼而說謝謝，只為了我陪在他身邊而表達謝意。兒子這番話教會我，對方不一定要做什麼，光是因為對方存在，就可以開口表達我們的謝意。

對父母也是一樣。不要因為是家人就認為「不說，對方也能明白」；就算是家人，正因為是家人，更需要特意說出「謝謝」。即使是微不足道的小事，也可以藉此表達對家人的感謝，例如看到對方把自己用心準備的餐點吃光光，很高興，就可以說謝謝；也可以主動告訴父母，因為兩人健在而感到安心。

父親回到老家生活之後，每次看到我準備好餐點，便會跟我說謝謝。我回想以前和父親一起住時，父親並不習慣向我表達謝意，其實他可能說過也不一定。除了謝謝之外，聽到父親說「有你在，就能安心睡覺」也讓我非常高興。**只要把自己聽了覺得開心的話，也對父母說出口就好。**

透過對父母表達感謝之意，讓父母感受到自己對子女也有貢獻；只要他們覺得自己有貢獻，就能肯定自己的價值。年邁的雙親會因為漸漸失去能力而喪失自信，覺得自己一點用也沒有，還可能鑽牛角尖，認為自己走了還比較好，甚至認為自己在家中已經沒有立足之地。

當父母能做的事愈來愈少，子女就要對雙親「還健在」一事表達謝意，無須特別留意他們是否「做了」什麼、「做得到」什麼，不著痕跡地讓父母覺得自己對家庭的確有所貢獻。

父親除了用餐時間之外，幾乎都在睡覺，這段時間我不是對著電腦打稿子，就是在看書。有一次跟朋友聊起來，朋友竟然說：「能讓父親看著你工作，真好！」令我不由得一愣。然而事實的確如同朋友所言，如果在自己房間裡工作，累了就會想做點其他事情，無法集中精神。多虧了父親，我才能每天看很多書，稿子也有進展。

家人不斷對父母表達謝意，是希望讓他們了解，就算自己什麼都不做，也能對家庭、子女有所助益。如此一來，他們就不會藉由激怒他人或惹人煩躁，來引起家人的注意。

我下定決心，就算父親最後連我是誰都不知道，我也不會改變自己對待父親的方式。所幸父親直到臨終前，都還知道我是他的兒子。

如果父母連自己是誰都忘了，就當作今天是我們第一次見面，時間從「當下」開始，兩人之間便沒有過去。

持續說「謝謝」，

是為了讓父母明白

無須特別做什麼，

也能對家人有所貢獻。

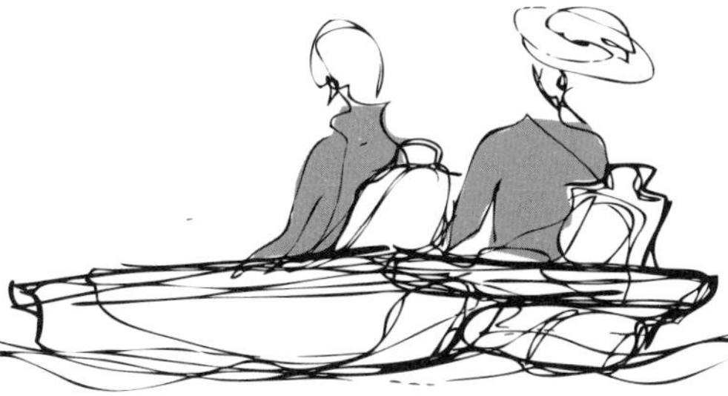

與其等人對自己說「謝謝」，不如自己開口說「謝謝」

如果期盼自己做的事情，都能得到他人感謝，照護父母時會非常痛苦，因為父母不見得會說「謝謝」，甚至不說的時候還比較多。

父母不見得是故意不說，可能是從年輕的時候，就不習慣向人道謝。如果子女也很少對父母表達感謝，光是期盼父母單方面說謝謝，對他們並不公平。**無論雙親是否對子女表達謝意，子女都可以決定由自己先開口。**我可以先說謝謝，我一個人也可以說謝謝。

曾有一位長期照護長輩的朋友告訴我，她婆婆每天晚上都會將晾乾的衣服摺好，她會對婆婆道謝，但其實等到婆婆入睡後，她總得重摺所有衣服。對此，這位朋友並沒有任何不滿，反而很高興婆婆還能幫忙摺衣服，也很感謝婆婆的付出。雖然不確定她能夠記得多久，至少婆婆聽到謝謝時，會覺得自己對家人很有貢獻。

不是所有照護者都很辛苦。這句話並不是指照護很輕鬆，而是**照護到底是辛苦還是輕鬆，端看負責照護的人如何看待這件事。**

我很高興能對父親說謝謝；父親對我說謝謝，我當然也很高興。但是如果沒聽到父母道謝，就覺得自己的照護沒有貢獻，等到父母無法開口的那一天，或是父母原本就不習慣表達感謝，照護起來就會更加辛苦。

剛剛明明給過飯，對方卻說還沒吃，這樣的狀況的確很令人沮喪。不管子女做了什麼，父母都不記得，又一副理所當然的態度，就算子女忍得住照護的辛苦，也會覺得辛苦沒意義。然而事已至此，子女也只能從接受現實開始了。

我長期以來都是等白天在外工作的家人都回家時，才開始做晚餐。有一天，女兒比平常早回來，很體貼的對我說：「今天做咖哩飯吧！我來幫忙。」雖然我的工作大多數可以在家進行，但一整天下來，到了準備晚餐的時間還是會累，聽到女兒說「爸爸白天也在工作，煮晚餐時就休息一下」，真的很窩心。

女兒那天突然說要幫忙，為此我還特地跑去買菜。但是女兒走進自己房間之後，卻遲遲沒出來，直到我切好菜才終於現身，於是我便讓女兒接手之後的工作。

如果那天女兒改變了心意，沒有出來幫忙，我和平常一樣獨自準備家人的晚餐，當然還是可以感受到自己對家庭的貢獻；雖然事實上，女兒那天的確有接手，但是不管她有沒有，都不影響我對家庭的貢獻。

跟父母的關係也是一樣，重點是有機會為父母付出，便要肯定自己有所貢獻，這一點並非取決於父母是否感謝你。**只要知道自己的價值，便不會產生需要他人認可自己的渴望，時時期盼對方對自己表達感謝**。希望父母感謝自己，就跟沒人讚美就不乖的小孩一樣。

許多人無法認同自己的價值，甚至會鑽牛角尖到覺得自己消失了，家人的感情會更好。這種人無法喜歡自己，但是**我就是我，不可能變成別人。感受不到自己的價值，便無法獲得幸福**。

無法自我肯定的人，只有在得到別人的認可時，才會覺得自己是有價值的、不是沒有用的。就像之前提到的那位朋友，儘管事後得自己全部重新摺過衣服，還是不吝對婆婆說「謝謝」，希望婆婆藉由摺衣服，感到自己對家人有貢獻，更進而肯定自己的價值。

就算父母什麼也做不到，子女還是可以讓父母知道，活著就是一種貢獻；至於子女覺得自己有貢獻，認為自己有價值也很重要，這跟是否受到父母的認可或感謝，並無關係。

希望父母感謝的人，

就跟不誇獎便不乖乖行動

的小孩一樣。

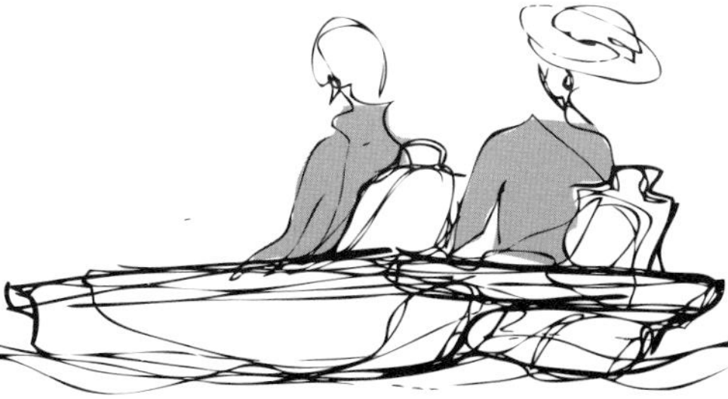

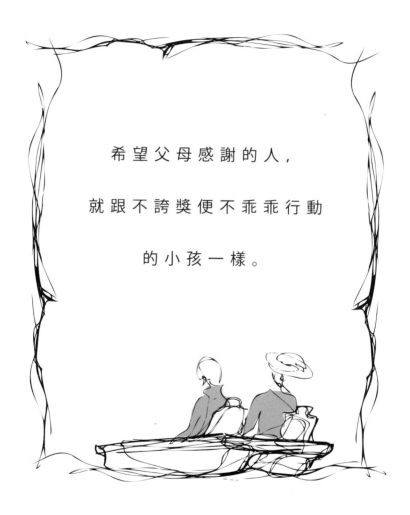

做得到的人，在做得到的時候互相幫助，才是可以安心養老的社會

記得上小學之前，有一次我和妹妹在電車裡大聲唱歌，當我回過神來，才發現身邊的人都在聆聽我們的歌聲。雖然可能是我想太多了，但是我馬上害羞得閉上了嘴。就在那一瞬間，我清楚知道，毫不在意周遭的眼光、天真無邪的童年時光，已經離我遠去。

等到我自己當了父親，發現帶小孩搭電車很需要勇氣，因為萬一小孩在電車裡哭鬧，來自周遭乘客無言的壓力非常巨大。那些要求父母沒辦法安撫小孩，就不要坐電車的人，一定沒有和小孩一起出門過，甚至忘了自己也曾經是小孩。我們

需要一個對孩童寬容的社會。

對待銀髮族也是一樣。我常想，要是我們的社會，能讓每一位失智症患者安心生活，那就太好了。就拿自動販賣機來說，每一台機器的使用方式都不一樣，JR和私營鐵路公司的售票機使用方式不盡相同、飲料販賣機也各有差異。如果是跟人買東西，就算稍微說錯，對方多少能理解和對應，但是電腦完全無法隨機應變，就算不是老人，有時也會不知道該如何使用。

不擅長與人相處的人，面對自動販賣機比較不會緊張和感到壓力，這是好處。我雖然不認為一定得統一機器的操作方式，但是用法各異真的很令人頭痛，例如有些機器會自動找零，有些卻要拉把手才行。父親曾經因為投了錢，卻沒有拿到飲料而發脾氣。如果父親不是用自動販賣機買，而是去一般有店員的商店，就不會買不到飲料了吧？

我們必須以能讓嬰兒、幼童、銀髮族、身障者和孕婦等所有人，都安心生活的社會為長期目標，思考該如何做到。然而在這個理想社會成形之前，我們還是必須要照護父母。既然現在的社會並不利於育兒和照護，思考**在現狀中可以做到什麼**，才是最重要的。

當年，我早晚騎腳踏車到托兒所接送小孩，路上常有人叫住我，給我許多育兒上的建議；我也會站在托兒所前，和其他母親交換經驗。**單單知道不是只有自己因為育兒而苦惱，以往那些和小孩辛苦纏鬥的日子，也能成為人生中的美好回憶。**

後來，我在部落格上提到自己正在照護父親時，也接到許多電話和電子郵件，每一個熱心提供建議的人都是照護老手，具體指導我各種情況該如何應對。

雖然照護父親並不算辛苦，眾人的建議還是很有幫助，讓我撐過那段日子。所以我現在最希望能**打造可以獲得他人幫助，還能藉由談論自己的經驗來協助別人的社會。**

活得越久，越會覺得自己無能為力。之前我也提到，我兼職的診所裡，病人不知道自己第二天的情況會如何，所以趁今天還有力氣就幫忙煮飯，也絕不會責備不幫忙的人，這種做法並不只是單純的「施」與「受」。

許多事情會因為老化而做不到，也不一定可以因為當年曾對子女付出，而要求子女回報。希望這個社會所有的人都能夠互相幫助，讓做得到的人，在做得到的時候，盡力協助他人，讓每個人都覺得自己有貢獻。

打造一個可以獲得

別人幫助，還能藉由談論自己

的經驗，以協助別人的社會。

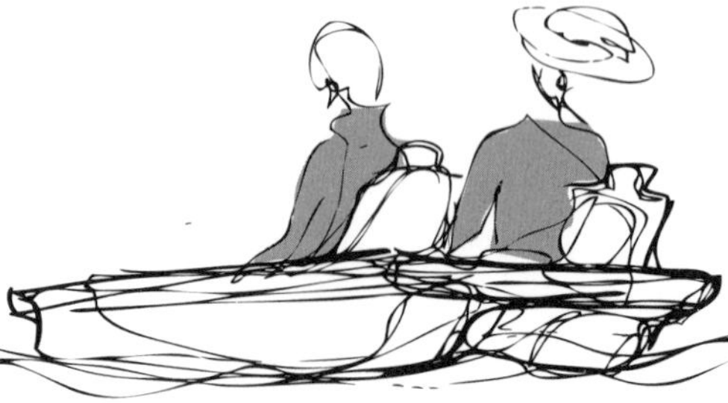

| 終章 |

樂在「當下、眼前」

有效率的人生，沒有意義

父親家離我家走路約十五分鐘。母親離開人世之後，父親長年獨居，一直到發現罹患失智症才回到老家，白天由我照護。

其實去父親家還有更近的路，但是我喜歡沿著河岸走，即使必須繞路也心甘情願。

所謂的十五分鐘，並不是一心一意，專心前往目的地的那種走法。我在途中聽到鳥鳴，總會停下來尋找鳥兒的身影；看到蝴蝶在吸食花蜜，也會停下腳步拍攝那美麗的畫面。我也喜歡看翠鳥低空掠過水面，蒼鷺因為我的氣息而嚇得飛走，就算下著毛毛細雨或是天氣冷到發抖，我也不以為苦。好幾次為了追逐翠鳥，我在路上來來回回，一趟路總要分成好幾次才走得完，所以實際上花的不只十五分鐘。

然而，我知道父親在等待，也擔心父親一個人發生意外，所以不能老是流連拍照。有一天，我突然覺得這段路程就跟人生一樣。假設人生是一條有起點也有終點的道路，有效率地走在這條路上——換句話說，有效率地過日子，然後死亡，根本沒必要也沒意義。途中不時繞遠路，有時甚至走點回頭路，玩到忘記時間，或是等到發現時已經不知不覺走得很遠，也是人生的常態。

女兒出生沒多久，有一次我單獨帶著四歲的兒子出門。那天我們下了電車，趕著要去轉乘巴士，但是一天才幾班的巴士居然已經開走了。

我問兒子怎麼辦，下一班巴士一小時後才會來，兒子竟然說他要等。我只覺得很苦惱，那時兒子心中時間的流逝方式，和我的一定不一樣吧！

兒子念小學時，好幾次忘記帶鑰匙出門或把鑰匙忘在學校，因此放學回家時無法進門。

有一天，我回家時遠遠看見家門口有一把黃色的傘。我以為進不了家門的兒子把傘放在門口，不知道跑去哪裡玩了，結果走到家門口，才發現他在玄關前坐著睡著了。傘遮住了兒子，所以我從遠處看不見他。

兒子發現我回家，指著在玄關門上爬的蝸牛說：「牠原本在這裡。」蝸牛移動了約三十公分。雖然我不知道那天兒子到底等了多久，但是他用蝸牛前進的軌跡來表示時間流逝，讓我覺得很有趣。說不定兒子就是看著蝸牛留在玄關門上的痕跡，第一次認識時間的存在呢！這裡的認識時間，指的也是「了解大人眼中關於時間的常識」。

有些動作有起點和終點，因此重要的是，儘可能提升抵達終點的效率。萬一中斷，無論原因是什麼，都代表動作沒有完成，目的沒有達到。另一方面，有些動作，例如兩人共舞等，則是在動作的當下便已完成，並非藉由舞動以抵達何處。

人生明顯屬於後者。**雖然許多人認為繞路和停下腳步是浪費時間，我卻覺得多花點時間也無所謂，充滿效率的生活一點意義也沒有。**

兒子在四歲時沒想過要計算時間，也不明白等一小時巴士是什麼意思，他或許沒想過巴士來之前的時間，也是時間吧？

念小學因為忘記帶鑰匙而被迫在家門前等待的兒子，或許不像成人一樣，覺得等待那麼痛苦，但是當時的他已經和四歲時不同，會透過蝸牛移動的軌跡，感受時間的漫長。那時的他，已經學會看時鐘了。

還有一次，在外面等我回來時，兒子把作業擺在地上寫。雖然把作業簿壓得皺巴巴的，但是想到要趁等待的時間寫作業，表示他已經開始思考有關效率的問題了，覺得發呆是在浪費時間了。

父親接受過好幾次關於失智分類與症狀的檢查，一般人工作時的確需要知道今天是幾月幾號和星期幾，但對於當時的父親，卻已經是無關緊要了。

人類想起過去會後悔，想到未來會不安，但是我們已經無法回到過去，明天實際上會變成怎樣也無人知曉。**未雨綢繆不是壞事，但是不到當下，無法知道究竟會發生什麼事，放棄預測也是一種生活方式。**

有些子女看到父母罹患失智症，連最近的事情都想不起來，就覺得他們很可憐，但是活在「當下、眼前」的父母，所實踐的才是人類最理想生活的方式。

繞路或停下腳步

都不算浪費時間，

多花點時間也沒關係。

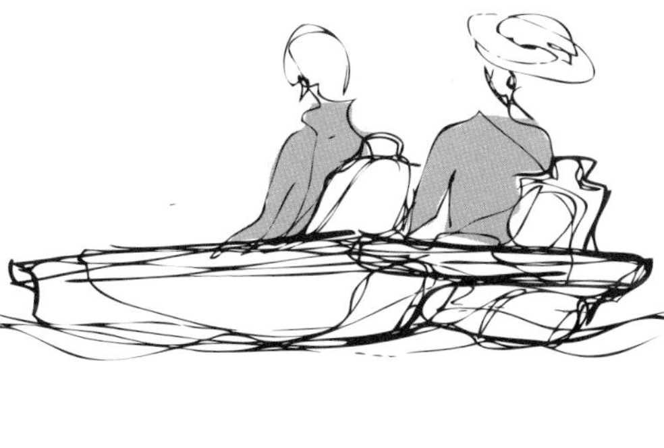

不需要為了「下半輩子」而改變生活方式

我接受冠狀動脈繞道手術後幾天，主治醫師告訴我，他也替他父親做過手術。我曾聽說醫生不會幫親人動手術，所以很驚訝，問他：「令尊動手術時幾歲呢？」「八十歲。」

我請教醫師，他為父親動手術時的心情。「我覺得很輕鬆，因為只要擔心自己的父親就好。但是幫你動手術時，我要擔心的不只你一個人，我腦中會浮現你太太、你兒子與女兒的臉，有時候甚至還會浮現病人兄弟和父母的臉。相較之下，幫自己父母開刀輕鬆多了。」

這段話讓我知道，動過幾千次手術的醫師，原來並沒有把我當作「單純的身體」，之前都誤會了，不由得感到羞愧。手術時不但得施打會讓人停止呼吸的全身麻醉和肌肉鬆弛劑，讓病人近乎假死狀態，因為我做的是冠狀動脈繞道手術，還必須使用體外心肺循環機器，讓心臟停止跳動。

麻醉是為了讓病人動手術時身體無法動彈，否則無法變成「單純的身體」。聽說就算打了全身麻醉，切開肋骨時的劇烈疼痛，還是可能會讓麻醉劑失效。雖然接受的是這麼大規模的手術，醫生動刀時依舊視我為人際關係中的一份子。

醫生的父親在接受手術後，享受悠然自得的退休生活，十三年之後才過世，讓我忍不住思考，自己在八十歲時，還會想接受冠狀動脈繞道手術嗎？

動手術之前，我有機會和其他外科醫生聊了很久，曾經對某位醫生說：「如果我已經七十歲，也許就不會動手術了。」醫生馬上以強烈的語氣反問我：「為什麼？」

我會這樣說，是因為那位醫生告訴我，不動手術也是選項之一，讓我很驚訝。但是我已經決定第二天就要動手術，所以我才說，明天我一定會接受手術，但是如果我已經七十歲，可能就不會了。

我動手術時才五十一歲，說七十歲就不想動手術，是因為我認為人生是一條直線，有起點和終點，七十歲時所剩的人生已經不多，我似乎能想像自己不動手術也能度過餘生的模樣。

為八十歲老父動手術的醫生，和他父親本人，大概都沒想過我所想的事。**如果把人生視為當下可以完成的動作，那麼無論幾歲都可以享受人生**，無論幾歲都應該接受手術治療。在這種思維當中，沒有所謂的「餘生」。

人生不需要因為所剩時間不多而改變生活方式，有些人會覺得自己快死了，所以就開始自暴自棄。然而，就算不到散盡家財、享受奢華的地步，刻意做之前不會做的事情，也很奇怪吧？

我從醫生的話中學到一個教訓——所有人都是人際關係中的一份子。**眼前的父母可能忘記剛剛做過的事情，無法理解自己目前的處境，甚至連家人都不認得。即使如此，也不會改變父母身為人的價值。**

家人無須在意父母忘記一切，和之前一樣以平常心對待就好。就算父母離開人世，家人對父母的思念也不會受到任何影響。

父母和之前一樣，永遠活在我們心中。

父母身為人的價值，

並不會因為忘記家人而改變。

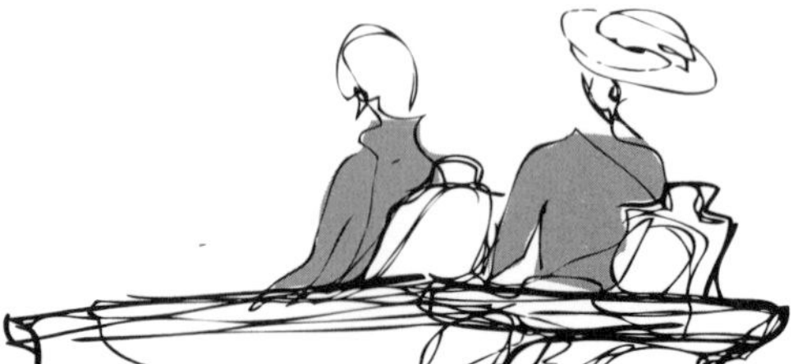

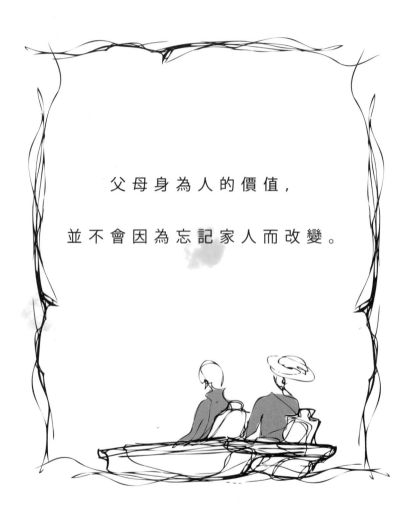

人生不要拖延

母親在世時常說，等子女長大之後要去旅行，直到我成人之後，這句話還只是掛在她嘴上的一句話。母親總是習慣把自己的樂趣往後延。

記憶中，母親早上比誰都早起，家事又做得比誰都多，這麼勤勞的母親一生中只和父親出過一次國，還不是為了旅行，而是因為我的舅舅（母親的弟弟）在國外工作死於意外。我並不清楚母親在這趟傷心的旅程中，和父親有過什麼樣的對話。

母親在四十九歲時死於中風，我當然也曾經後悔，沒有好好把握母親在世的時間。要是我知道母親的人生這麼短暫，聽到她說等我們長大之後要去旅行，就不會只是笑母親想太多，而是化為實際行動，真的送她去旅行。日後想到這件事，實在後悔莫及。

高中教我們倫理社會的老師，當時已經七十多歲了。他上課時常常對我們描述老年生活：「那些老人（表示老師不覺得自己是老人）年輕時只知道賺錢，其他事情都不知道，也不知道要看書。等到退休，身體也無法自由行動了才知道，只要懂得享受閱讀之樂，就不需要怕老啊！我退休後要好好來讀年輕時囤積至今的書。」

我當時只是高中生，雖然無法全然體會，但聽了老師這番話也頗能感受閱讀的喜悅。沒想到高中畢業那年的夏天，我就接到了老師的訃報。對老師而言，能夠教一輩子的書應該很幸福，然而無法實現退休後盡情閱讀的心願，一定也很遺憾吧！

因為經歷過這些事情，我便下定決心，**想做的事情要趁能做的時候馬上做，絕不要拖延。**

杜斯妥也夫斯基在小說《白癡》中，描述一名男子在即將被執行死刑時，獲得赦免而免於一死的情節。那名被宣判死刑的男子認為，根據公務員的形式主義，最快也要一星期之後才會執行，沒想到手續意外的少。某天早上獄卒叫醒男子，通知他：「一過九點就要行刑。」

男子向獄卒抗議，認為程序應該還沒完成，最後他終於完全清醒，放棄爭執而陷入沉默。「這麼突然就要執行死刑，是要我怎麼辦……」

某天早上，我突然被救護車送到醫院，醫生告訴我得了心肌梗塞時，我的心情也是如此。

男子了解自己無法逃避，在生命只剩最後五分鐘時，他決定花兩分鐘和朋友道別，花一分鐘回顧自己的人生，剩下來的時間則用來欣賞人生最後的風景。

沒想到行刑前男子突然獲得赦免，得到無窮時間之後，他不再精打細算如何運用，結果就是白白浪費了許多時間。我剛剛提到不要拖延，想做的事情要趁能做的時候做，並不是要大家活在急迫到彷彿無法呼吸的情緒之下。男子浪費了許多時間的情節，杜斯妥也夫斯基描寫得栩栩如生，**無須思考如何運用時間的人生，其實很幸福**。

無須計算時間的生活，指的不是隨便度日，而是擺脫時鐘計算時間的束縛，獲得自由，才能享受當下的意思。

無須計算時間的生活，

意味自由。

因為自由，才能享受當下。

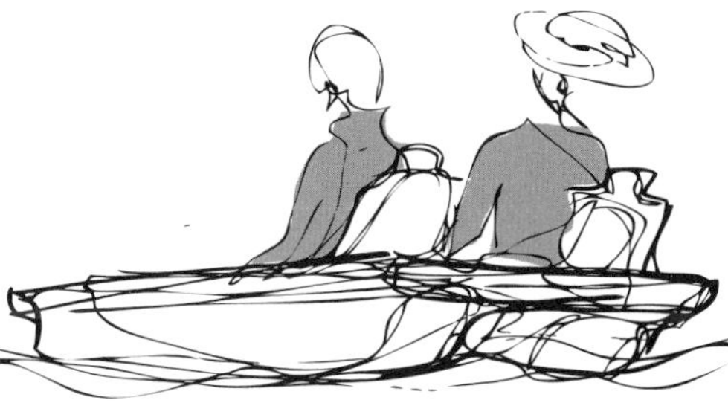

後記

父親走了好幾年之後，有一天我夢到父親要開車出門，不知道要去哪裡。

天色看似即將下雨，於是我走近車子，想問父親有沒有帶傘，結果看到副駕駛座上坐著的，居然是已經過世三十多年的母親。我很久沒有夢到母親了，看到和生前一樣年輕的母親，令我大吃一驚，但是此時我知道，再也不用擔心父親了。

直到現在，我依然不時想起父母，我清楚記得他們生前對我說過的話，也深深感覺到這些話在我心中化為生命的力量，隨時發揮作用。

在醫院陪伴母親和在家照護父親時，我曾因為無法上學和工作，事事不順心而鬱悶不已。然而，只要想起從父母身上學到的種種，我便對於有緣生為兩人的兒子，還能陪伴他們度過人生中的最後一段時光，內心充滿感激。

謹此感謝幻冬社的鈴木惠美女士，和View企劃的山本大輔先生仔細閱讀文稿，並提供我許多有益的建議。

二〇一五年十月

岸見一郎

心理勵志 386A

面對父母老去的勇氣

國家圖書館出版品預行編目(CIP)資料

面對父母老去的勇氣 / 岸見一郎著 ; 陳令嫻譯. -- 第一版. -- 臺北市 : 遠見天下文化, 2016.06
面 ; 公分. -- (心理勵志 ; 386)
譯自 : 老いた親を愛せますか? : それでも介護はやってくる
ISBN 978-986-479-019-7(平裝)

1.父母 2.親子關係

544.1 105009795

作　者 — 岸見一郎
譯　者 — 陳令嫻

總編輯 — 吳佩穎
責任編輯 — 丁希如、李依蒔
封面暨內頁美術設計 — 江孟達工作室

出版者 — 遠見天下文化出版股份有限公司
創辦人 — 高希均、王力行
遠見・天下文化 事業群榮譽董事長 — 高希均
遠見・天下文化 事業群董事長 — 王力行
天下文化社長 — 林天來
國際事務開發部兼版權中心總監 — 潘欣
法律顧問 — 理律法律事務所陳長文律師
著作權顧問 — 魏啟翔律師
社址 — 台北市 104 松江路 93 巷 1 號 2 樓
讀者服務專線 —（02）2662-0012
傳　真 —（02）2662-0007；2662-0009
電子信箱 — cwpc@cwgv.com.tw
直接郵撥帳號 — 1326703-6 號　遠見天下文化出版股份有限公司

電腦排版 — 立全電腦印前排版有限公司
製版廠 — 東豪印刷事業有限公司
印刷廠 — 祥峰印刷事業有限公司
裝訂廠 — 台興裝訂股份有限公司
登記證 — 局版台業字第 2517 號
總經銷 — 大和書報圖書股份有限公司　電話／(02)8990-2588
出版日期 — 2016 年 6 月 26 日第一版第 1 次印行
2023 年 9 月 15 日第二版第 5 次印行

定價 — NT320 元
4713510946947
書號 — BBP386A
天下文化官網 — bookzone.cwgv.com.tw

天下文化
BELIEVE IN READING